Die »*Lettres élémentaires sur la Botanique*« sind wenig umfangreich, dafür aber das heiterste Werk *Rousseaus*, dessen Hinterlassenschaft über Pflanzenkunde im deutschen Sprachgebiet zu unrecht in Vergessenheit geraten ist. Obwohl dieser geniale Leitfaden bei seinem Erscheinen in ganz Europa viel beachtet und befolgt worden ist – 1781 die deutsche, bald nachher englische und russische Übersetzungen, 1805 die Luxusausgabe mit den Illustrationen von *P. J. Redouté* –, sind seit der letzten deutschen Ausgabe mehr als hundert Jahre vergangen.
*Jean-Jacques Rousseau*, aus eigener Anschauung und reicher Kenntnis schöpfend, verfaßte die noch heutzutage meisterlich zu nennenden Pflanzenfamilien-Porträts für die wahlverwandte Freundin, seine »Kusine« *Madeleine Delessert-Boy de la Tour*. Mit anmutigem pädagogischem Geschick führt er wichtige Merkmale auf, sichtet, ordnet, schafft Verbindungen, die einzelnen Pflanzen einleuchtend und trefflich charakterisierend. Seine Begeisterung, seine Beglückung im Umgang mit Kräutern, Sträuchern und Bäumen teilt sich mit, und der oft als Naturschwärmer verurteilte offenbart sich in »*Zehn botanische Lehrbriefe*« als großer Pflanzenkenner, einfallsreicher Lehrer und teilnehmender Freund.
In früheren Ausgaben wurden Briefstellen gestrichen, die Rousseaus Zuneigung für Madeleine D. ausdrücken; sie sind in der vorliegenden Übersetzung enthalten. Aufgenommen wurden erstmals seine *Pflanzenbeschreibungen* für das Herbar. *Anmerkungen* zu jedem Brief erläutern den Text, ebenfalls die bis jetzt unveröffentlichten *Kurzschriftzeichen* für botanische Begriffe und der bewegende Brief an Carl von *Linné*. Eine Liste mit namhaften Botanikern und ihren Werken, eine mit Erklärungen botanischer Fachausdrücke bereichern den Text und helfen mit, die »*Lehrbriefe*« auch im Feld anzuwenden.
*Jean-Jacques Rousseau*, geboren am 28. Juni 1712 in Genf, gestorben in Ermenonville am 2. Juli 1778.
Einflußreiche Werke: »Die neue Heloise«; »Der Gesellschaftsvertrag«; »Emil oder über die Erziehung«; »Bekenntnisse«.
Ruth Schneebeli-Graf, gelernte Buchhändlerin, verheiratet und zwei Söhne, lebt in Kriens; Kurse am Institut für Systematische Botanik Zürich; Mitglied der Floristischen Kommission Luzern.

insel taschenbuch 366

Rousseau

Botanische Lehrbriefe

# ZEHN BOTANISCHE LEHRBRIEFE

*FÜR EINE FREUNDIN*

*VON*

## JEAN-JACQUES ROUSSEAU

*mit siebzehn Illustrationen*
*von P. J. Redouté*

*HERAUSGEGEBEN UND*
*AUS DEM FRANZÖSISCHEN*
*ÜBERSETZT VON*
RUTH SCHNEEBELI-GRAF

INSEL

insel taschenbuch 366
1. Auflage 1979
Erstausgabe

Vertrieb durch den Suhrkamp Taschenbuch Verlag
Umschlag nach Entwürfen von Willy Fleckhaus
Typografie: Max Bartholl
Satz: Weihrauch, Würzburg
Druck: Ebner, Ulm
Printed in Germany

CROCUS Sativus. SAFRAN Cultivé.

»Ich frage nicht wie La Fontaine, ob man Habakuk gelesen habe, sondern ich frage: Haben Sie schon die Hörnchen der Brunelle gesehen?« JJR

## *Die Botanik im Leben von Jean-Jacques Rousseau*

Dem fünfzigjährigen Rousseau waren nach Konfiszierung und Verbrennung des »Emile« im Jahre 1762 nur noch unruhige, wechselvolle Jahre beschieden. Verfolgt von Behörden und Geistlichkeit, floh er von Ort zu Ort, von Land zu Land. Nach seiner Flucht aus Frankreich gewährte ihm der damalige Gouverneur Friedrichs des Großen, Lord Keith, Asyl im Gebiet von Neuchâtel. Im Val de Travers in Môtiers stellte ihm die Neuenburger Familie *Boy de la Tour*, mit der sich der Dichter seit Jahren freundschaftlich verbunden fühlte, ein Bauernhaus zur Verfügung. Die ländliche Gegend erfreute den Unglücklichen, sie war ganz nach seinem Geschmack. Um sich zu erholen, unternahm er lange Spaziergänge, wobei ihn oft der Neuenburger Arzt Jean-Antoine d'Ivernois begleitete. Sie durchstreiften Feld und Wald, das ganze Tal, bestiegen die nahen Hügel. Sein Begleiter, ein kenntnisreicher Pflanzenfreund, wußte viel zu berichten. Er fand in Rousseau nicht nur einen aufmerksamen Zuhörer, wohl aber seinen gelehrigsten Schüler, der Auge und Ohr war. Unter d'Ivernois' Einfluß begann der Dichterphilosoph ein Herbar anzulegen und botanische Lehrbücher zu kaufen. Während diesen Jahren im Val de Travers

widmete er viele Stunden seiner ›grünen Leidenschaft‹, wie er sagte.
Den Angriffen der aufgewiegelten Dorfbevölkerung ausweichend, fanden Rousseau, seine Gefährtin Thérèse und der Hund Sultan 1765 Zuflucht auf der bernischen St. Petersinsel im Bielersee. Obwohl er nur knappe sechs Wochen dort leben durfte, kann man folgendes in seinem posthum erschienenen Spätwerk »Rêveries du Promeneur Solitaire« (»Träumereien eines einsamen Spaziergängers«) nachlesen: »Meine größte Freude war, all meine Bücher gut verpackt in Kisten zu belassen und ganz ohne Schreibzeug zu sein. Und, war ich gezwungen, auf langweilige Briefe zu antworten, lieh ich mir Tinte und Feder vom Verwalter der Insel aus, gab sie so schnell als möglich wieder zurück, vergeblich hoffend, diese Dinger nicht mehr nötig zu haben. Denn ich füllte mein Zimmer nicht mehr mit diesem tristen Papierkram, sondern mit Blumen und duftendem ›Heu‹. Ich ergab mich mit Feuereifer meinen Pflanzenstudien, was ich dem Doktor d'Ivernois auf ewig danke, der mich dazu inspiriert hatte. Ich beschloß jede einzelne Pflanze auf dieser Insel zu beschreiben, also eine ›Flora Petrinsularis‹ zusammenzustellen, ohne auch nur eine einzige zu übergehen, so genau, daß ich bis an mein Lebensende beschäftigt genug gewesen wäre. Sagt man nicht, ein Deutscher habe eine Abhandlung über eine Zitronenschale verfaßt? Ich aber hätte jedes Gras, das auf der Wiese wächst, jedes Moos im Wald, jede Flechte auf Fels und Stein genau beschrieben; nichts hätte ich ausgelassen oder über-

sehen; kein einziger Pflanzenteil und sei er auch noch so klein, wäre unbeachtet geblieben!«
Doch Rousseau mußte sein Paradies verlassen. Seine Flucht führte ihn über Basel, Straßburg nach Paris, wo er den Philosophen Hume kennenlernte, der ihn dazu überredete, sich in England niederzulassen. Beim Herrn von Davenport in Wootton-Hall, welches in der Grafschaft Derby am Fuße des Weaverberges liegt, wurde Rousseau gastlich aufgenommen. Obschon Voltaires Intrigen und anonyme Pamphlete ihn zutiefst kränkten, ihn zuletzt auch krank machten, nahm er bald das geliebte Botanisieren und Herborisieren wieder auf, ja diese Betätigung war für den Ruhelosen ein wahrhafter Seelentrost. Einmal schreibt er aufgeräumt an seinen Schweizer Freund Dupeyrou: »... und überdies, wenn man den ganzen Tag über draußen auf Wiesen und Feldern Pflanzen gesucht hat, ist es nicht mehr schwer, abends allein in seinem Bett zu schlafen. Mancher Forscher empfindet mehr Vergnügen bei der Analyse einer hübschen Blume, als bei der eines hübschen Mädchens. Eine einzige neue Pflanze zu entdecken, ist mir hundertmal lieber als fünfzig Jahre lang dem Menschengeschlecht zu predigen.«
Eine besonders glückhafte Begegnung für den botanophilen Rousseau war die Bekanntschaft mit der Herzogin von Portland, deren weitherum berühmte Park- und Gartenanlagen von Daniel Solander, einem Schüler Linnés, beaufsichtigt wurden und welcher die Herzogin in Botanik unterrichtete. Auf gemeinsamen botanischen Exkursionen, »die adlige Dame scheute sich nicht

auf Felsen zu klettern, um besondere Pflanzen wie Veronica fruticans und Saxifraga mutata zu suchen«, unterhielt sich Rousseau ausgezeichnet. (Die botanische Korrespondenz mit der Herzogin ist erhalten.)

Kaum ein Jahr in England, verließ 1767 der von Wahnvorstellungen Gejagte dieses Land und kehrte nach Frankreich zurück, wo er vom einflußreichen Grafen Mirabeau als Gast aufgenommen wurde. Dieser empfahl Rousseau einen falschen Namen anzunehmen, und mit der Botanik aufzuhören mit den Worten »weshalb suchen Sie wie das weidende Vieh nach Thymian und Eibisch?«

Über drei Jahre wanderte er unter dem Namen Renou durch das südliche und südöstliche Frankreich, Pflanzen suchend und Pflanzen bestimmend. 1770 kehrte er allen Warnungen zum Trotz nach Paris zurück und nahm seinen alten Broterwerb, das Notenkopieren, wieder auf. Zwar hoffte er, er könne Herbarien anlegen, um damit Geld zu verdienen, was aber zu seinem Leidwesen nicht der Fall war. Aber er fuhr fort, seine fundierten botanischen Kenntnisse zu erweitern, studierte die damals reiche Pflanzenvegetation rund um Paris. Sein Ruf als Botaniker war so gut, daß der damalige Direktor des Jardin du Roy, der berühmte Bernard de Jussieu, Kontakt mit ihm aufnahm. Man machte Exkursionen u.a. nach Ménilmontant und Montmorency. Dort notierte Rousseau als bemerkenswerte Pflanzenarten: »Königsfarn, Hainfriedlos, Rundblättriger Sonnentau, Wassernabel, Braunes Cypergras und die Schwärzliche Kopfbin-

se«. Während einer dieser Exkursionen, soll Rousseau entzückt ausgerufen haben »Voilà la pervenche!«, was bald in der guten Gesellschaft die Runde machte, und sogar von Lord Byron in seinem »Don Juan« wieder zitiert wurde. Botanisieren gehörte von nun an zum guten Ton, die ›scientia amabilis‹ wurde sozusagen in den Adelsstand erhoben.
In diesen Jahren 1771–1774 entstanden auf Wunsch von *Madeleine-Cathérine Delessert – Boy de la Tour* die »Lettres élémentaires sur la Botanique«. Madeleine war die zweite Tochter einer in Lyon lebenden Kaufmannsfamilie, die Rousseau seit Jahren freundschaftlich umsorgte. Sie verwaltete u.a. seine kleinen Ersparnisse, bestellte die gewünschten Kleider wie z.B. die wohlbekannte Armenier Tracht mit Pelzmütze und alljährlich im Herbst wurden dem verehrten Freund Edelkastanien zugestellt, die er so gerne aß.
Die *botanischen Lehrbriefe* bilden nur einen kleinen Bestandteil der Korrespondenz zwischen Madeleine Delessert und Rousseau; sie wurden erst nach dessen Tod veröffentlicht. Der Name der Empfängerin wurde mehr als hundert Jahre lang verschwiegen. Die Publikation dieser ebenso neuartigen wie ungewöhnlichen Einführung in die Botanik war ein großer Erfolg. Sie wurde bald ins Deutsche, Englische und Russische übersetzt. Die Gebildeten des damaligen Europa waren stolz, wenn sie diese kleine Schrift ihr eigen nennen konnten. Ja, auch Botaniker vom Range eines de Candolle feierten die Verdienste Rousseaus auf diesem Gebiet. »Hier gelingt es Rousseau«, rühmt Goethe, »sein Wissen auf die ersten sinnlich vorzu-

weisenden Elemente zurückzuführen; er legt die Pflanzenteile einzeln vor, lehrt sie unterscheiden und benennen. Kaum aber hat er hierauf die ganze Blume aus den Teilen wieder hergestellt und sie benannt, teils durch Trivialnamen kenntlich gemacht, teils die Linné'sche Terminologie ehrenhaft, ihren Wert bekennend, eingeführt, so gibt er also bald eine breitere Übersicht ganzer Massen. Nach und nach führt er uns vor: Liliaceen, Siliquosen und Siliculosen, Rachen- und Maskenblumen, Umbellen und Compositen zuletzt, und indem er auf diesem Wege die Unterschiede in steigender Mannigfaltigkeit und Verschränkung anschaulich macht, führt er uns unmerklich einer vollständigen Übersicht entgegen.« Und weiter: »Es sind allerliebste Briefe, worin er Wissenschaft auf das Faßlichste und Zierlichste einer Dame vorträgt. Ich nehme daher den Anlaß, das schöne Reich der Blumen meinen schönen Freundinnen aufs Neue zu empfehlen.«

# ZEHN BOTANISCHE LEHRBRIEFE

*Erster Brief*
23. August 1771

*Welch vortrefflicher Einfall, liebe Freundin, Ihre lebhafte Tochter in Pflanzenkunde zu unterrichten. Sie wird viel Kurzweil damit haben. Ich selbst hätte es nicht gewagt, Ihnen diesen Vorschlag zu machen, aus Angst Sie* könnten in mir den Schulmeister sehen. Aber die Idee stammt von Ihnen, ich billige sie von ganzem Herzen. Denn ich bin davon überzeugt, daß das Studium der Natur jederzeit und in jedem Alter schale, leere Stunden vertreibt, ja sogar vor stürmischen Leidenschaften schützt. Dieses Studium erfüllt nicht nur den Geist, sondern auch die Seele. Sie haben damit begonnen, der Kleinen die häufigsten Pflanzen aus Ihrer Umgebung zu zeigen und zu benennen. Genau das Richtige! Die paar Pflanzen, die sie nun vom Sehen her kennt, werden als Vergleichsobjekte dienen; so wird sie ihre Kenntnisse erweitern. Nun verlangen Sie von mir eine Liste mit den bekanntesten Pflanzen, die ich, damit Sie sie bestimmen können, charakterisieren sollte. Dieser Wunsch bringt mich etwas in Verlegenheit, er macht mich unschlüssig. Ich müßte also diese Angaben klar und verständlich auf schriftlichem Wege mitteilen, was nicht ohne botanische Fachausdrücke zu bewerkstelligen wäre; aber Sie würden diese wiederum nicht ohne Erklärungen verstehen. Im Übrigen scheint es mir recht langweilig zu sein, nur irgendwelche neue

Pflanzen und deren Namen kennenzulernen. Ich glaube, Ihre Tochter hätte bald genug davon.
Hier nun mein Vorschlag: Zuerst möchte ich Bau und Gestalt einer Pflanze darlegen. Ich habe die Absicht – und würden Sie auch nur für kurze Zeit das schönste und vielfältigste Reich der Natur betreten – Ihnen durch meine Hinweise etwas Licht ins Dunkel zu bringen. Es geht ja recht eigentlich nicht nur um die Namen, um Terminologie und Taxonomie, das ist gerade recht für die Herboristen! Zum Beispiel, kann ich mir einen guten Botaniker vorstellen, der die Pflanzen an ihrer Gestalt, an ihrem Aussehen erkennt, ohne aber die Namen zu wissen. Zwar beabsichtige ich nicht, aus Ihrer Tochter eine große Pflanzenkennerin zu machen. Immerhin möchte ich versuchen, auch scheint es mir sehr nützlich, sie zu lehren, *mit offenen Augen die Natur zu sehen,* nämlich *genau das, was sie sieht, was vor ihr ist und lebt.* Nun, lassen Sie sich nicht von diesem meinem Plan abschrecken. Es wird weder kompliziert noch schwierig sein, mir zu folgen. Nur um eines bitte ich, und zwar *um die Geduld ganz von vorne, mit dem Anfang anzufangen!* Nachher können wir vorwärtsgehen, soweit wir wollen, wie wir wollen und wohin wir wollen.
Leider sind wir schon mitten im Spätsommer und die Pflanzen, deren Gestalt am einfachsten ist, sind schon verblüht. So wollen wir diese Zeit nützen, um etwas Ordnung in das bereits Gelernte zu bringen. Der kommende Frühling wird es wieder möglich machen, den Lauf der Natur zu beobachten. Bis dahin erläutere ich Ihnen die wichtigsten

Ausdrücke aus dem botanischen Wörterbuch. Nicht schlecht wäre es, diese auswendig zu lernen. Eine ganze Pflanze teilt sich in Wurzel, Stengel, Zweig, Blatt, Blüte und Frucht. (In der botanischen Sprache heißt alles Frucht, was mit der »Fabrikation« des Samens zu tun hat, sei es bei Kräutern, Sträuchern oder Bäumen.) Nun, Sie kennen das alles schon, wenigstens vom Hörensagen. Aber wir müssen erst die Pflanzenteile genau untersuchen, besonders jene, die bei der Fruchtbildung beteiligt sind, nämlich die Blüte und den Samen. Fangen wir mit der Blüte an, die sich zuerst entwickelt. In ihr erreicht und beschließt die Natur die Summe ihrer Arbeit, so pflanzt sie sich fort, so überdauert sie. Die Blüte ist der auffallendste aller Pflanzenteile; sie verändert sich am wenigsten. Nehmen Sie eine Lilie zur Hand. Jetzt ist es noch leicht eine blühende zu finden. Bevor sie sich öffnet, sehen Sie an der Spitze des Stengels eine länglich-grünliche Knospe, die, sich entfaltend, immer weißer wird; hat sie sich ganz geöffnet, gleicht die weiße Hülle einer in mehrere Segmente geteilten Vase. Dieser einhüllende, farbige Teil, weiß bei der Lilie, nennt man *Krone* und nicht Blume, noch Blüte, wie man gemeinhin sagt. Die Blume, die Blüte ist nämlich aus verschiedenen Teilen zusammengesetzt; die Krone ist einer der wichtigsten.

Was leicht zu sehen ist: Die Krone der Lilie ist nicht aus einem Stück. Verwelkt sie, fallen sechs Teile ab, die *Kronblätter*. Die Krone einer Blume, die aus verschiedenen Teilen besteht, nennt man *frei-* oder *vielkronblättrig*. Ist sie aber nur aus einem Teil, wie zum Beispiel die Krone der Winde,

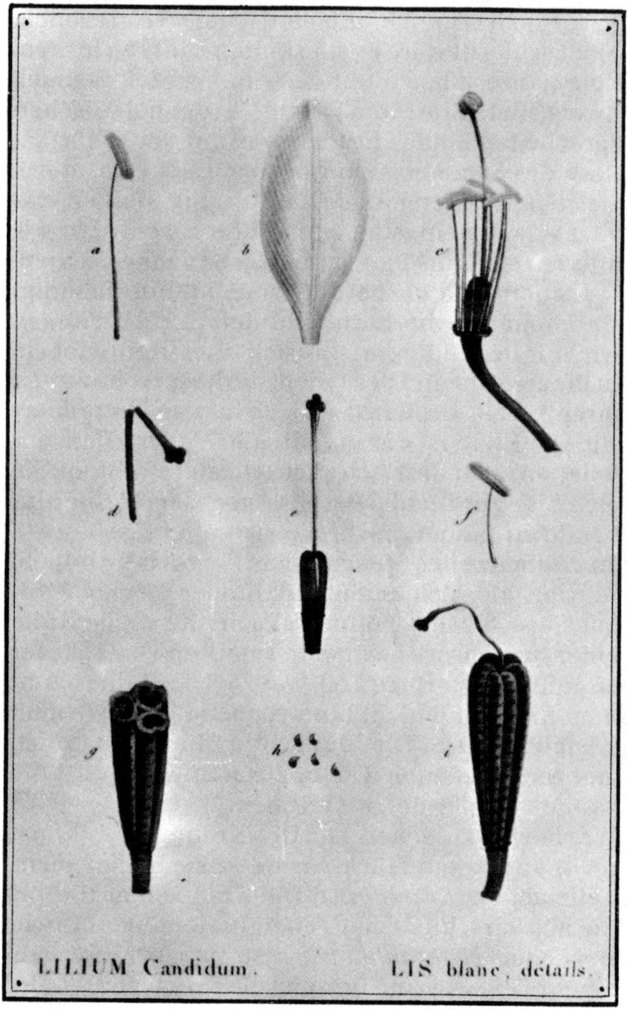


LILIUM Candidum. LIS blanc, détails.

nennt man sie *verwachsenblättrig.* Doch gehen wir zurück zu unserer Lilie. Mitten in der Krone finden Sie etwas Herausragendes, ähnlich einer Säule, das am Grunde angeheftet ist. Diese »Säule«, als Ganzes genommen, heißt *Stempel.* Er besteht aus drei Teilen; der unterste ist zylindrisch, wie angeschwollen, mit drei abgerundeten Ecken – *der Fruchtknoten* oder *das Ovar;* darauf wächst ein dünner Faden – es ist der *Griffel.* Der Griffel wird gekrönt wie von einem Kapitellchen – das ist die *Narbe.* Da hätten wir schon alle drei Bestandteile des Stempels. Zwischen Krone und Stempel sehen Sie noch sechs andere Elemente, es sind die *Staubblätter.* Jedes Staubblatt besteht aus zwei Teilen. Verstehen Sie mich richtig? – Die dünnen Fäden, am Grunde der Krone angewachsen, sind *Staubfäden* oder *Filamente*; das verdickte Ende wird von den *Staubbeuteln* oder *Antheren* gebildet. Die Antheren, kleinen Schächtelchen ähnlich, öffnen sich bei der Reife und versprühen einen gelben duftenden Staub, von diesem haben wir noch später zu reden. Diesen Blütenstaub nennen die Botaniker *Pollen.*
Fahren wir fort mit dieser recht groben Beschreibung der Blütenbestandteile. Nach und nach verwelkt die Krone und fällt ab. Das Ovar oder der Fruchtknoten schwillt immer mehr an und wird zu einer länglichen dreieckigen Kapsel, die drei flache Samen enthält, verteilt auf drei Fruchtfächer. Diese Kapsel, die Hülle der Samen, heißt *Perikarp* oder *Fruchtschale.* Darüber will ich aber noch nicht schreiben. Dieses Thema wird der Inhalt eines spätern Briefes sein.

Alle Bestandteile, die ich Ihnen bis dahin aufgezählt und beschrieben habe, finden Sie gleicherweise bei den meisten andern Pflanzen. Allerdings mit graduellen Unterschieden, verschiedenen Ansatzpunkten, andern Zahlenverhältnissen. Analogie der Bestandteile und deren mannigfaltige Verknüpfung bestimmen die Familienzugehörigkeit im Pflanzenreich. Oft ist es sehr aufschlußreich zu sehen, wie Teile der Blüte übereinstimmen mit andern Pflanzenorganen, wie zum Beispiel: Die Sechserzahl der Staubgefäße (manchmal nur drei), die sechs Kronblätter oder die sechs Kronblattabschnitte, die dreieckige Form des Ovars mit den drei Fruchtfächern bestimmen die ganze Familie der *Liliengewächse.* Jede Art dieser sehr zahlreichen Familie bildet als Wurzel eine *Zwiebel* oder eine *Knolle* aus, mehr oder weniger deutlich ausgebildet und mit verschiedenartigem Aussehen. Die Zwiebel einer Lilie ist mit Schuppen bedeckt; jene der Asphodele, der Schattenlilie, besteht aus einem Wurzelpaket länglicher »Zehen«; beim Frühlingssafran, dem Krokus, sind es zwei übereinandergelegte Zwiebelknöllchen; bei der Herbstzeitlose liegen sie nebeneinander. Immer aber handelt es sich um Zwiebeln oder Knollen.
Ich habe die Lilie als Beispiel gewählt, weil sie jetzt noch blüht und auch noch wegen der Größe ihrer Blüten. Bei den eben beschriebenen, leicht erkennbaren Bestandteilen fehlt hingegen ein wichtiger Teil, um eine vollständige Blüte zu bilden, nämlich der Kelch. Der *Kelch,* meistens grün und in fünf Blättchen aufgeteilt, schützt und hüllt die Blumenkrone ein, bevor sie sich entfaltet. Sie

LILIUM Bulbiferum. LIS Bulbifère.

haben dies sicher schon bei der Rose beobachten können. Die meisten Blütenpflanzen besitzen einen; er fehlt aber bei allen Vertretern der Liliengewächse, so bei der Tulpe, der Hyazinthe, der Narzisse, der Trichterlilie usw. Zu derselben Familie gehören auch Zwiebel, Lauch, Knoblauch, obschon sie auf den ersten Blick nichts Lilienartiges haben. Recht bald werden Sie feststellen, daß Liliengewächse einen einfachen, wenig verzweigten Stengel haben. Die Blätter sind *ganzrandig* und *streifen-* oder *parallelnervig*, nie gezähnt noch gelappt. Stengel und Blatt, Blüte und Frucht entsprechen sich bei den Lilien. Wenn Sie diese Einzelheiten aufmerksam studieren, das Beobachtete nachprüfen, sind Sie unversehens in der Lage, selber zu entscheiden, ob eine Pflanze zu den Liliaceen gehört oder nicht, ohne auch nur den Namen vorher zu kennen. Sie sehen jetzt sicher ein, das ist nicht mehr nur schale Gedächtnisarbeit, sondern sie kann den Geist eines echten Naturfreundes erfüllen und beglücken. Nun, teilen Sie dies alles ja nicht gleich brühwarm Ihrer Tochter mit, auch dann nicht, wenn Sie selbst, liebe Freundin, in die Geheimnisse der Pflanzenwelt eingeweiht sind. Nur ganz allmählich und in leichtem Gespräch dürfen Sie ihr diesen Wissensstoff vermitteln, gerade was jeweils zu ihrem Alter paßt. Am besten wäre es, wenn Ihre Tochter versuchte, manches selber herauszufinden, anstatt ihr alles beizubringen. Das wär's fürs erste – und einen recht schönen Tag wünsche ich. Und wenn Ihnen, meine Liebe, dieses Gewäsch gefällt, stehe ich gerne weiterhin zu Ihren Diensten.

*Zweiter Brief*
18. Oktober 1771

*Da Sie, liebe Freundin, so gut meinen Gedanken über die Pflanzen folgen, obschon ich sie nur schlecht und recht skizziert habe, Ihr waches Auge schon Familienähnlichkeiten bei den Liliaceen entdeckt hat, und auch weil unsere* liebe kleine Botanikerin sich nun mit Blütenkronen und Kronblättern vergnügt, will ich versuchen noch eine andere Familie vorzustellen. Die Kleine kann dann erneut ihre noch minimen Kenntnisse prüfen. Zwar wird es diesmal etwas schwieriger sein, da die Blüten kleiner, viel kleiner sind, und die Blätter verschiedene Formen haben. Doch die Freude wird für Sie und Ihre Tochter ebenso groß sein, wenigstens, wenn Sie gleich empfinden wie ich, mir auf diesem blumengeschmückten Weg zu folgen, den ich für Sie aufspüre.

Im kommenden Frühling, wenn die ersten Sonnenstrahlen auf Ihre Fortschritte fallen werden, und in den Gärten Tulpen, Narzissen, Hyazinthen, Aprilglocken und Maiglöckchen blühen, die Sie ja jetzt alle schon bestimmen können, werden noch andere Blumen die Blicke auf sich ziehen und verlangen, daß sie untersucht werden. Zum Beispiel: *Levkoje* oder *Goldlack*, auch die *Nachtviole*. Falls Sie solche mit gefüllten Blüten finden, bitte, lassen Sie sie beiseite! Denn sie sind verstümmelt, oder, wenn Sie vorziehen, sie sind modisch aufgeputzt.

Die reine Natur ist da nicht mehr zu finden; denn vervielfacht sich das Auffallendste, also die Blumenkrone, geschieht es auf Kosten von wesentlicheren Teilen, die von solch großer Pracht erdrückt und verdrängt werden: Diese Mißgestalten sind unfruchtbar, sie können sich nicht mehr fortpflanzen.

Und jetzt gehen Sie gleich in den Garten und pflükken Sie sich eine Levkoje. Beim Zerlegen der Blüte bemerken Sie sofort einen äußern Teil, der den Lilien fehlt, nämlich den *Kelch.* Er ist in vier *Kelchblätter* oder *Sepalen* aufgeteilt. Meistens sind diese vier Teile ungleich groß und paarig versetzt, d.h. die beiden größeren Kelchblätter stehen einander gegenüber, ebenso die kleineren; auffallend ist ein kleiner *Höcker* am Grunde von jedem Kelchblatt. Im Kelch befindet sich eine Blüte mit vier Blumenkronblättern oder Petalen, deren Farbe ich nicht erwähne, weil sie unwichtig ist für die Charakterisierung der Familie. Jedes Kronblatt ist mit dem *Blütenboden* oder *Rezeptakel* verwachsen. Mit andern Worten: Der schmale, blassere Unterteil, den man *Nagel* nennt, ist mit dem Kelchgrund verbunden; der farbigere Teil, welcher über den Kelch herauslappt, ist die *Platte.* Mitten in der Blütenkrone befindet sich ein länglicher, fast zylindrischer Stempel mit sehr kurzem Griffel, auf dem eine zweispaltige, gekrümmte Narbe sitzt.

Wenn Sie nun die Stellung von Kelch- und Kronblättern sorgfältig studieren, entdecken Sie bald, daß jedes Kronblatt nicht vor dem Kelchblatt sitzt, sondern vor den Kelchblatt-»Schlitzen«, so daß Petalen und Sepalen alternieren. Dieser *wechselwei-*

CHEIRANTHUS *Cheiri*. GÉROFLÉE *Violier*.

*sen Stellung*, dieser *Alternanz* begegnet man bei vielen Blüten, die *gleichviel* Kronblätter wie Kelchblätter haben.
Nun bleiben noch die Staubblätter übrig, die zu besprechen sind. Sie zählen bei der Levkoje sechs, genau gleichviel wie bei der Lilie. Aber Sie bemerken sofort, daß sie nicht gleichartig sind. Zwei, die sich gegenüber stehen, sind deutlich kürzer, als die vier andern, die zu zweien zwischen den kurzen wachsen. Allein, ich will Sie nicht langweilen mit zuviel Einzelheiten über Struktur und Stellung der Staubblätter. Eines aber muß ich noch sagen: Wollen Sie nicht versuchen selber herauszufinden, weshalb die beiden Staubblätter kürzer als die andern sind, und weshalb zwei Kelchblätter einen größeren »Buckel« haben, oder, um einen botanischen Fachausdruck zu gebrauchen, weshalb zwei *gesackt* sind, die beiden andern aber flacher?
Um die Levkojen-Geschichte zum guten Ende zu führen, wollen wir noch den Fruchtknoten zerlegen. Warten wir damit zu, bis die Kronblätter abfallen, was recht bald geschieht. Jetzt bemerken Sie, was aus dem *Stempel* (wie zuvor schon gesagt, besteht er aus Fruchtknoten, Griffel und Narbe) geworden ist. Beim Reifen hat er sich verlängert und verbreitert. Die Frucht wird meist länglich und flach; die Fachleute sagen zu ihr *Schote.* Sie besteht aus zwei Klappen, die durch eine sehr dünne *Scheidewand* getrennt sind. Sind die Samen vollreif, öffnen sich die Klappen von unten nach oben, wo der nicht abgefallene Griffel die beiden Klappen gewissermaßen verriegelt. Flache, kreis-

förmige Samen sieht man nun auf beiden Seiten der Scheidewand. Wo und wie sie angewachsen sind, kann man gut erkennen: Sie hängen an einem kurzen Stielchen alternierend rechts und links an der Naht der Scheidewand.
Wie befürchte ich, liebe Freundin, Sie mit meiner langwierigen Beschreibung ermüdet zu haben! Es war aber nötig, Ihnen die Merkmale der zahlreichen Familie der *Kreuzblütler* oder *Cruciferen* vor Augen zu führen. Bei fast allen botanischen Systemen sind sie eine selbständige Klasse. Es ist beschwerlich, diesen meinen Ausführungen ohne Abbildungen zu folgen, ich kann es mir sehr gut vorstellen. Es wird am besten sein, wenn Sie nochmals einen Kreuzblütler, sei es Levkoje oder Senf, zur Hand nehmen und meine Erläuterungen wieder durchlesen.
Der Artenreichtum der Cruciferen hat die Botaniker bewogen, sie in zwei Teile zu gliedern. Zwar haben die Blüten große Ähnlichkeit. Aber die Form der Früchte ist vielgestaltig.
Der erste Abschnitt umfaßt die Kreuzblütler mit einer *Schote* als Frucht, z.B. Levkoje, Nachtviole, Gartenkresse, Weißkohl, Kohlrabe, Senf usw.
Der zweite Abschnitt umfaßt jene mit einem *Schötchen.* Es ist meistens kleiner, sehr kurz, *beinahe ebenso breit wie lang,* und das Innere ist anders eingeteilt. Als Beispiele zähle ich auf: die Gartenkresse oder das »Nasenrümpfer«-Kraut, das Täschelkraut; auch der Silberling, der König der Trockenblumensträuße, gehört dazu, obschon seine Frucht groß ist, so ist sie dennoch ein Schötchen, weil es gleichlang wie breit ist. Sind Ihnen

LUNARIA *Rediviva*. LUNAIRE *Vivace*.

aber diese drei Kreuzblütler unbekannt, dann kennen Sie sicher das Hirtentäschchen (Capsella bursapastoris), es wächst an Wegrändern und auch im Garten. Nun, meine Liebe, das Hirtentäschchen ist ein Kreuzblütler mit Schötchen, ein dreieckiges Schötchen. Es wird helfen, sich von den andern ein Bild zu machen, bis Ihnen diese unter die Augen kommen.

Jetzt aber, erholen Sie sich, schöpfen Sie Atem! Es ist höchste Zeit, ich weiß. Umsomehr, als ich noch nicht alles über die Kreuzblütler gesagt habe. Sie werden also, so hoffe ich, noch andere Briefe erhalten, und zwar bevor der Frühling es Ihnen ermöglicht, das Gelernte praktisch anzuwenden.

Vielleicht ist es gut, Ihnen schon jetzt zu sagen, daß die Cruciferen, sowie viele andere Familien auch, oft viel kleinere Blüten haben, als dies beim Goldlack der Fall ist. Ja, manchmal sind sie so winzig, daß die einzelnen Teile nur mit Hilfe einer *Lupe* untersucht werden können. Übrigens ein Instrument, das kein Botaniker entbehren kann; auch muß er eine *Pinzette*, eine lange *Stecknadel* und ein *Lanzettmesser* haben sowie eine gute kleine *Schere.*

In Gedanken sehe ich Sie vor mir – (wie weit hat Sie doch Ihr mütterlicher Eifer gebracht!) – wirklich ein reizvolles Bild: Meine charmante Freundin zerpflückt einen Armvoll Blumen, die hundertmal weniger blühend, weniger frisch und weniger nett sind als sie! Schönen Tag, Liebe, und bis zum nächsten Mal.

*Dritter Brief*
16. 5. 1772

*Ich nehme an, liebe Freundin, daß Sie meinen vorletzten Brief richtig erhalten haben, obschon Sie ihn in Ihrer Antwort nicht erwähnen. Auch hoffe ich, daß sich unterdessen Ihre Frau Mama wieder erholt hat und gesund und wohl-*auf in die Schweiz reisen konnte. Auf alle Fälle zähle ich auf Ihren baldigen Bericht, und vergessen Sie bitte nicht, mir von der Wirkung dieser Kur zu erzählen und auch von welcher Heilquelle sie getrunken hat. Da Tante Julia sie begleiten mußte, habe ich Herrn G. beauftragt – er kehrt demnächst ins Val de Travers zurück – das kleine Herbar mitzunehmen, welches für Ihre Schwester bestimmt ist. Jedoch habe ich es mit Ihrer Adresse versehen, damit Sie es während ihrer Abwesenheit in Empfang nehmen können; vielleicht dient es Ihnen sogar, falls Sie überhaupt unter diesen formlosen Exemplaren etwas finden, das zu gebrauchen ist. Aber, das muß ich betonen, Sie haben kein Anrecht auf dieses »Heu«! Über denjenigen, der es zusammengestellt hat, können Sie jederzeit verfügen, nicht aber über das Herbar, das Ihrer Schwester versprochen worden ist, als sie mit mir damals auf unsern Spaziergängen zum Croix de Vaques Pflanzen gesammelt hat. Ihnen wäre es nicht im Traum eingefallen, mir dabei zu helfen, während ich getreulich Ihren Spuren folgte, Ihnen verbunden mit ganzem Herzen. Noch heute werde ich schamrot, wenn ich daran denke, wie spät und wie schlecht ich mein Ihrer Schwester gegebenes Versprechen einlöse; sie hat, was das Herbar betrifft, den Vorrang und mein Wort. Sie aber, liebe Freundin, Sie bekommen keines aus meiner Hand, dafür aber ein umso wertvolleres, nämlich jenes Ihrer Tochter. Zwar nur, wenn Sie mit den reizvollsten aller Studien weiterfahren, die Einblicke verschaffen in das interessante Reich der Natur und zugleich Stunden der Langeweile vertreiben, währenddem die meisten andern sie dem Müßiggang oder noch Schlimmerem widmen.

Wir nehmen also den unterbrochenen Faden wieder auf und kehren zu unsern Pflanzenfamilien zurück.

Ich beabsichtige, Ihnen zuerst sechs verschiedene Familien zu beschreiben; dadurch werden Ihnen auch die einzelnen Teile der Pflanzengestalt vertrauter. Zwei kennen Sie nun schon, die Liliengewächse und die Kreuzblütler. Nun bleiben noch vier übrig. Nachher werde ich versuchen, die verschiedenen Stadien der Fruchtentwicklung darzustellen, ohne auf die zahlreichen andern Familien einzugehen. Auf diese Weise, denke ich mir, werden Sie sich im Reich der Pflanzen immer einigermaßen zurechtfinden, obschon Sie noch nicht viele einzelne Pflanzen kennen. Darf ich, Liebe, um Ihre Geduld bitten?

Vorerst möchte ich Sie noch davor warnen, jetzt schon in Fachbüchern mit der gebräuchlichen Terminologie nachzulesen. Es ist so: Viele neue Namen wirken nur verwirrend und weder meine Beschreibungen, noch die der andern würden

Ihnen von Nutzen sein. Zuguterletzt hätten Sie nur einen Haufen neuer aber leerer Wörter im Kopf, und davor, liebe Freundin, möchte ich Sie bewahren. Ich bin eifersüchtig darauf bedacht, Ihr einziger Lehrer auf diesen Exkursionen zu sein. Wenn es Zeit ist, werde ich Ihnen die nötigen Literaturhinweise geben. Bis dahin, lesen Sie geduldig nur im Buch der Natur und stützen Sie sich auf meine Briefe.

Im Garten sind jetzt die Erbsen in voller Entfaltung, ein guter Zeitpunkt sie zu untersuchen. Sie haben eine ganz besondere Stellung unter unsern einheimischen Pflanzenarten.

Im allgemeinen lassen sich die Blüten in *regelmäßige* und *unregelmäßige* einteilen. Aus der Mitte entfalten sich die Regelmäßigen. Krone und Kelch bilden einen Kreis; unser Auge kann weder ein Oben noch ein Unten, weder eine Rechte noch eine Linke unterscheiden. Sie merken, die vorher besprochenen Familien gehören dazu. Die Erbsenblüte, Sie sehen es auf den ersten Blick, ist unregelmäßig; hält man sie in natürlicher Lage in der Hand, ist der größte Bestandteil oben, der schmalste unten. Bei jeder unregelmäßigen Blüte spricht man von einem obern und einem untern Teil. Damit Sie die verschiedenen besondern Blütenbestandteile richtig beobachten können, ist es notwendig, mehrere Erbsenblüten zu zerlegen; wir nehmen die Veränderungen am besten wahr, wenn Blüten vom Aufblühen bis zum Verwelken untersucht werden. Betrachten wir als erstes den Kelch: er ist *verwachsen*, d.h. er ist aus einem Stück und hat fünf deutliche Spitzchen. Zwei davon sind

länger und breiter als die drei übrigen, die kürzer und schmaler sind. Gegen unten zu krümmt er sich, ebenso wie der *Blütenstiel*, der so dünn und beweglich ist, daß die Blüte sich bei jeder leichten Brise wiegen kann. Wind und Regen kehrt sie den Rücken zu.
Haben Sie den Kelch untersucht, ziehen sie ihn so behutsam wie möglich weg, damit der Rest der Blüte unverletzt und heil bleibe. Die *unregelmäßigen Kronblätter* sehen Sie nun klar und deutlich vor sich.
Das erste Blatt, zum obern Teil gehörend, ist groß und breit; man hat ihm den Namen *Fahne* gegeben. Ich frage Sie, wer ist so blind, um nicht zu sehen, daß dieses Kronblatt wie ein Regenschirm die andern vor Wind und Wetter schützt?
Wir entfernen nun die Fahne, sowie vorher den Kelch. Und jetzt sehen wir zwei reizende kleine »Ohrenschoner«, die die Fahne schützen; diese »Ohrenschoner« heißen bei den Botanikern *Flügel*. Versuchen wir sie wegzuziehen, stellen wir sofort fest, daß sie gut an den restlichen Teilen angewachsen sind. Die Flügel schützen die beiden Seiten der Blüte, die Fahne deckt das Ganze zu.
Nachdem wir nun auch noch die Flügel weggenommen haben, wird das letzte Stück der Blüte sichtbar, und zwar jenes, das die kostbare Mitte besonders von unten her einhüllt und schützt, genau so sorgsam wie die andern drei Kronblätter die obern und seitlichen Teile. Seiner Form wegen heißt das letzte Stück Schiffchen, ein Schatzkästchen der Natur; dort versteckt sie ihr Wertvollstes, sicher vor allen Gewitterstürmen.

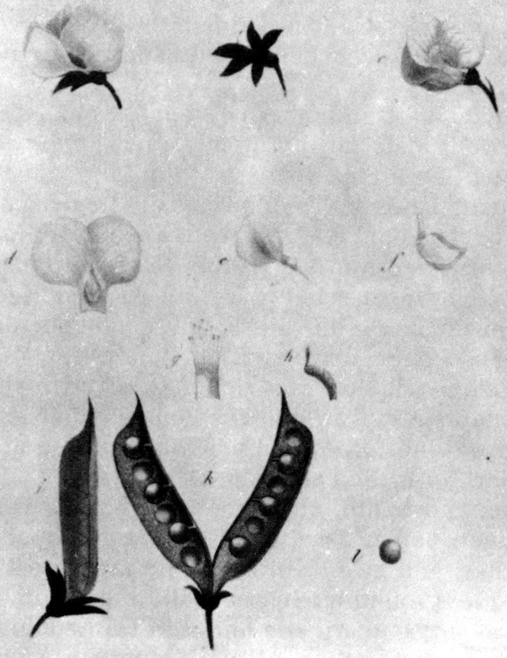

*Détails du* **POIS** *Cultivé.*

Wenn Sie nun auch dieses Kronblatt gut angesehen haben, ziehen Sie es so sachte wie möglich weg, am besten mit einer Pinzette von unten her den Kiel anfassend, alles mit größter Vorsicht und ängstlich darauf bedacht, das Eingehüllte nicht zu verletzen. Gibt dieses letzte Kronblatt sein sorgfältig gehütetes Geheimnis frei, werden Sie, meine Liebe, sich nicht enthalten können, vor freudiger Überraschung laut aufzujauchzen!
Die junge Frucht, vom Schiffchen eingehüllt, gliedert sich wie folgt: Eine zylindrische Röhre, gebildet aus den zehn Filamenten, umfaßt den Fruchtknoten – also noch einen schützenden Panzer rund um den jungen Samen! Wenn Sie nun ganz genau hinsehen, bemerken Sie, daß die zehn Filamente oder Staubfäden nur scheinbar verwachsen sind. Im obern Teil löst sich nach und nach ein Staubblatt von den andern los, und zwar je mehr die Blüte sich voll entfaltet und der Fruchtknoten anschwillt; auf diese Weise wird der röhrenförmige Zylinder ausgeweitet, und die junge Frucht kann sich ungehindert entwickeln. Sicher möchten Sie dieses einzelne Staubblatt richtig sehen können. Nun, es ist am besten, wenn Sie eine voll entfaltete Erbsenblüte nehmen. Nahe beim Fruchtknoten bemerken Sie zwei kleinste Löchlein. Wenn Sie nun eine feine Nadel gerade durch diese Löchlein führen, werden Sie erstaunt feststellen, wie ein einzelner Staubfaden sich von den andern neun loslöst und der Nadel folgt. Die neun bleiben aneinander kleben, bis die Blüte verwelkt ist und abfällt. Die Befruchtung hat stattgefunden und die junge Frucht entwickelt sich zu einer Hülse.

Diese *Hülse*, deren Samen sich beim Reifen verändern, unterscheidet sich von der *Schote* der Kreuzblütler. Bei den letzteren sind die Samen abwechslungsweise an beiden Nähten angewachsen. Bei der Hülsenfrucht dagegen sind sie nur an *eine* angeheftet; demnach sitzen *alle Erbsen immer auf derselben Seite*, umgeben von den beiden Hülsenhälften.

Um das Ganze etwas anschaulicher zu machen, öffnen Sie doch, liebe Kusine, eine Erbsenhülse und eine Schote der Levkoje! Sie bemerken den Unterschied sofort. Aber achten Sie darauf, daß weder Hülse noch Schote voll ausgereift sind, da die Samen beim Öffnen sonst herausfallen würden. Sicher verstehen Sie nun, was für erstaunliche und vorsichtige Maßnahmen die Natur hier vorgekehrt hat, um den Embryo der Erbse zu schützen und zur Reife zu bringen. Weder Unwetter noch Feuchtigkeit können ihm etwas anhaben. Die Schale der Hülsenfrüchte ist nie hart; wäre dies der Fall, müßten sie einer andern Familie zugeordnet werden. Der erhabenste Meister, darauf bedacht, alle Wesen zu schützen, wie sorgfältig hat er Wege gesucht, um die Fortpflanzung zu sichern und alles Lebendige vor Schäden zu bewahren. Ja, man möchte sogar glauben, alle Pflanzen, die zur Ernährung der Menschen und der Tiere dienen, seien besonders gut ausgestattet worden, wie dies bei den meisten *Leguminosen* der Fall ist. Alle Hülsenfrüchte sind unserer Erbse sehr ähnlich.

Wie Sie schon wissen, nennt man diese Familie auch *Schmetterlingsblütler*; viele glauben in der

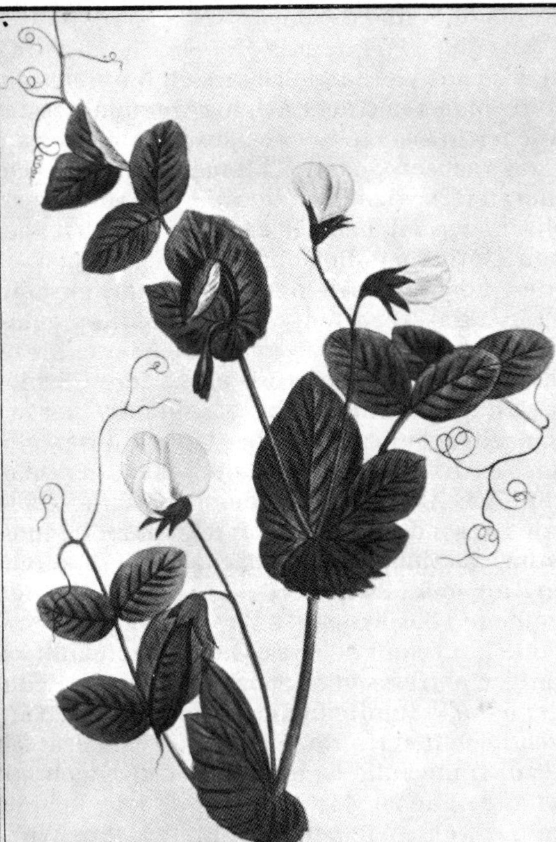

PISUM *Sativum.* POIS *Cultivé.*

Blüte einen Schmetterling zu erkennen. Sie besteht aus einer *Fahne, zwei Flügeln,* einem Schiffchen, also aus vier ungleich großen Blumenkronblättern. Man kennt aber Arten, bei denen sich das Schiffchen in zwei teilt (es ist jeweils nur noch am Kiel verwachsen), dann zählt man fünf Kronblätter. Bei andern wiederum sind alle Blütenteile verwachsen, wie z.B. beim Wiesenklee. Das hat aber keinen Einfluß auf die Familienzugehörigkeit.
Zu den Leguminosen oder Schmetterlingsblütlern, einer unserer artenreichsten Familien, gehören Bohnen, Ginster, Luzerne, Esparsette, Linse, Saubohne, Wicke, Platterbse usw., deren Schiffchen sich spiralförmig dreht, was zuerst reiner Zufall zu sein scheint. Unter den Leguminosen gibt es auch richtige Bäume, so z.B. jenen, den man gewöhnlich Akazie nennt (der aber keine echte Akazie ist, sondern eine Robinie), dann den Indigobaum, das Süßholz oder Lakritze, und so weiter. Genug für heute, wir werden dies noch in allen Einzelheiten besprechen. – Wie oft suchen meine Gedanken Ihre mir so teure Gesellschaft auf, wie oft, auf meinen einsamen Spaziergängen, begleitet mich meine Freundin in diese meine ideale Welt, die ich nach meines Herzens Lust bevölkere! Ich gebe zu, Tante Julia ist hin und wieder auch mit dabei und ohne zu stören. Auf bald, liebe Kusine, leben Sie wohl. Wie gerne erfülle ich Ihre Wünsche. Ich küsse alles, was Sie lieben!

*Vierter Brief*
19. Juni 1772

*Sie haben mich, liebe Freundin, der Sorge enthoben und doch bleibt ein Restchen Unruhe wegen diesen erneuten Magenschmerzen, diesem »Weh des Herzens«, von Ihrer Frau Mama, jetzt, wo sie doch in den Bergen weilt. Könnte es* ein Überfluß an Galle sein? Dann werden Kur und Quelle alles heilen. Aber ich befürchte sehr, daß diese Symptome ernsterer Natur sind. Es wird also nötig sein, daß sie ihre Kräfte schont, auch nach der Genesung. Sobald Sie Neues darüber wissen, erwarte ich Ihren Bericht. Auch ist mir sehr daran gelegen, daß mir Mama erst dann schreibt, wenn sie sich wieder ganz wohl fühlt.

Weshalb Sie mein Herbar nicht erhalten haben, das kann ich überhaupt nicht begreifen. Davon überzeugt, daß Tante Julia schon abgereist sei, habe ich das Paket Herrn G. mitgegeben, der es Ihnen ab Dijon hätte zuschicken sollen. Bis jetzt habe ich noch von keiner Seite erfahren, es sei angekommen, weder von Ihnen noch von Ihrer Schwester. Wo es wohl geblieben ist? – ich kann es mir nicht vorstellen.

Doch reden wir lieber von unsern jetzt in voller Blüte stehenden Pflanzen, solange die Jahreszeit uns noch dazu einlädt. Sie haben meine Staubblätter-Frage absolut richtig beantwortet, ein Beweis, daß Sie mich verstehen, oder besser, daß Sie zu lesen verstehen. Ja, es stimmt: der Kelch der Levko-

je hat zwei große, gut entwickelte Blättchen und zwei der sechs Staubblätter sind kürzer und gekrümmt. Hätten Sie noch einen Schritt weiter gewagt, hätten Sie ganz allein herausgefunden, weshalb diese beiden Staubblätter krumm und kürzer sind! Eine kleine Drüse, die verwachsen mit dem Blütenboden ist, liegt nämlich zwischen Staubblatt und Fruchtknoten. Sie zwingt die beiden Staubfäden sich zu krümmen, was sie auch kürzer erscheinen läßt. Zwischen dem Kelch findet man noch zwei andere Drüsen, die am Grunde eines großen Staubblattpaares sitzen, die sich nicht krümmen, also keinen Umweg machen müssen. Diese vier Drüsen, oder wenigstens Spuren davon, kann man bei den meisten Cruciferen sehen, mehr oder minder ausgebildet als bei der Levkoje. Und nun fragen Sie mich: Wozu diese Drüsen? Und ich antworte Ihnen: Die Natur hat hier eine Vorrichtung geschaffen, wo das Pflanzen- und das Tierreich sich berühren, damit das eine in das andere übergreife. Aber, lassen wir diese verfrühten Untersuchungen noch beiseite, und kehren wir wieder zu unsern Familien zurück.
Alle Blüten, die ich Ihnen bis jetzt beschrieben habe, sind freikronblättrig. Vielleicht hätte ich mit jenen beginnen sollen, die eine verwachsene Krone haben, da diese sehr viel einfacher ist. Doch hat mich gerade diese Einfachheit davon abgehalten.
Die *Verwachsen-Kronblättrigen*, die Regelmäßigen, die Strahlenförmigen sind nicht nur eine Familie, sondern sie bilden schon eher so etwas wie eine Völker-Gemeinschaft, sogar eine sehr große, die mehrere Familien umfaßt mit sehr deutlichen

LAMIUM *Album*. LAMIER *blanc*.

Unterscheidungsmerkmalen. Will man einen gemeinsamen Nenner für diese Gemeinschaft finden, kann man nur höchst vage, verallgemeinernde Charaktereigenschaften anführen. Es scheint, als ob etwas ausgesagt wäre, obschon alles Wesentliche übergangen wird. Viel besser ist es, sich enge Grenzen zu stecken, die exakter festgelegt werden können.

Unter den Verwachsen-Kronblättrigen gibt es auch solche, deren Blüten unregelmäßig sind, eine große Sippe mit ausgeprägten Blumengesichtern; man hat ihnen den Namen »Blüten mit Lippen« gegeben, weil der untere Teil gespalten ist und an zwei Lippen erinnert. Unter dieser Sippe gibt es noch eine zweite Linie, nämlich jene Blüten, die eher einem weitaufgesperrten Rachen gleichen, besonders dann, wenn man mit dem einen Finger einen leichten Druck ausübt. Deshalb hat man diese Sippe in zwei Familien eingeteilt, die eine heißt *Lippen-Blütler*, die andere *Masken-* oder *Rachenblütler* (Maske = lat. persona – ein sehr passender Name für die meisten Leute, die unter uns als wichtige Personen gelten ...!)

Und hier die gemeinsamen Merkmale: *verwachsenblättrige Blütenkrone*, wie schon gesagt, *zwei gespaltene Lippen* oder, wenn Sie »Maul-Klappen« vorziehen, der obere Teil gleicht oft einem *Helm*, der untere Teil einer *Zunge*. Nun, das Erstaunliche ist wohl, daß *alle vier Staubblätter haben, die paarweise auf gleicher Höhe stehen, das eine Paar etwas länger als das andere.* Ich rate Ihnen, dies alles am Objekt selbst nachzuprüfen, was besser als meine Beschreibungen ist.

Beginnen wir zuerst mit den *Lippenblütlern* oder *Labiaten.* Als Beispiel möchte ich am liebsten die Salbei wählen, weil sie in allen Gärten heimisch ist. Aber die ganz besondere, ja eigentümliche Stellung der Staubblätter hat einige Botaniker dazu veranlaßt, die Salbei von den Labiaten zu streichen, obschon die Natur selbst, wie mir scheint, mit gutem Grund, sie dazu zählt. Ich wähle deshalb eine von den tauben »Nesseln«, und zwar diejenige, die landläufig als weiße Taubnessel bezeichnet wird. Der botanische Name heißt Lamium album, weil sie pflanzenbiologisch nichts mit einer Nessel (Urtica) gemeinsam hat, nur die Form der Blätter ist ähnlich. Nun, die weiße Taubnessel kommt überall häufig vor, blüht recht lange und ist nicht schwer zu finden. Gerne möchte ich bei der eleganten Blütenstellung verweilen, bescheide mich aber damit, den Aufbau zu beschreiben. Die Blüte der weißen Taubnessel ist *verwachsen*, der Helm *konkav*; wie ein Gewölbe bedeckt er den restlichen Teil der Kronblätter. Unter diesem Dach befinden sich die eng zusammengedrängten vier Staubblätter. Mit Leichtigkeit werden Sie das längere und das kürzere Paar unterscheiden. In deren Mitte liegt der *Stempel*, der vorne an der Spitze *gegabelt* ist. Er hat also keine Theken wie die Staubgefäße. Die Zunge oder die Lippe biegt sich nach unten, so daß man auf diese Weise ins Blüteninnere sehen kann. Bei allen Taubnessel-Arten ist die Lippe geschlitzt, was nicht bei allen Gattungen dieser Familie der Fall ist.
Wenn Sie die Krone wegreißen, kommen gleichzeitig auch die Staubblätter mit ( – sie sind mit

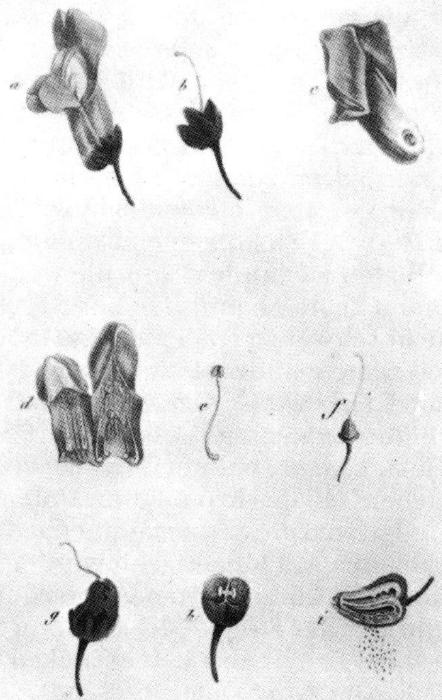


Details du MUFLIER à Grande Fleur.

der Krone verwachsen und nicht mit dem Blütenboden – ), der Stempel allein bleibt hingegen dort hängen, wo er angewachsen ist, nämlich am *Rezeptakel.* Erlauben Sie mir eine allgemeine Bemerkung zur Stellung der Staubblätter: *Ist die Blütenkrone verwachsen, bleiben die Staubblätter an ihr haften; ist die Blüte freikronblättrig, haften sie am Kelch oder am Blütenboden.* Diese Beobachtung hilft recht viel beim Bestimmen, ja, es ist sogar möglich, eine Regel davon abzuleiten, die nicht schwierig zu merken und ziemlich sicher ist. Manchmal ist es ja gar nicht leicht zu beurteilen, ob die Krone aus einem oder mehreren Teilen besteht. Nie darf man es unterlassen und muß sich sofort vergewissern. Die Blütenkrone zeigt nun ein rundes kleines Loch, weil sie mit dem Blütenboden verwachsen war und dem Stempel und was ihn umgibt, ermöglichte, in die Blütenkrone einzudringen. Sie fragen zu Recht: Was umgibt den Stempel? Nun, die Gattung Lamium, ja man kann sagen alle Lippenblütler oder Labiatae haben rings um den Stempel *vier Fruchtknoten, die sich später in vier nackte, hüllenlose Samen umwandeln. Wenn sie reif sind, fallen sie, so wie sie sind, auf die Erde.*

Die andere Linie der Sippe, die »Blüten mit einer Maske« (Rachenblütler oder Scrophularicae), unterscheiden sich von den Labiatae durch eine andere Krone: Die Zunge ist nicht geschlitzt, sondern verwachsen, also aus einem Stück. Das können Sie gut beim *Löwenmäulchen* in Ihrem Garten sehen, oder falls es nicht vorhanden ist, beim *gewöhnlichen Leinkraut,* Sie wissen, dieses gelbe Blümchen mit dem Sporn, das zu dieser Jahreszeit häufig an trockenen Wegrändern vorkommt. Aber ich verrate Ihnen ein noch sichereres, ein noch exakteres Merkmal: Die Maskenblütler haben am Kelchgrund, rund um den Stempel, nicht vier nackte Samen, *sondern sie alle haben eine Kapsel, die die Samen einschließt: Erst bei der Reife öffnet sich die Kapsel und gibt den Samen den Weg frei, um auf die Erde zu fallen.*

Beifügen möchte ich noch etwas, nämlich, daß es bei den *Lippenblütlern* viele *wohlriechende, aromatische Gewürzkräuter* gibt wie *Thymian, Majoran, Quendel, Origano, Basilikum, Minze, Isop, Lavendel* usw. usw. Andere riechen unangenehm oder stinken sogar, z.B. der Ziest, Andorn und das Gliedkraut. Nur einige sind ohne Duft, und zwar der Günsel, die Brunelle und das Helmkraut. – Die Maskenblütler oder Rachenblütler hingegen sind meistens *geruchlos* wie das *Löwenmaul, Leinkraut, Augentrost, Zimbelkraut, Wachtelweizen, Läusekraut, pfeilblättriges Leinkraut, Fingerhut* usw. Nur eine Art aus dieser Familie kenne ich, die riecht und stinkt: Es ist die *knotige Braunwurz.*

Ich vermute, daß ich nur Pflanzenarten aufgezählt habe, die Ihnen unbekannt sind. Aber mit der Zeit, nach und nach werden Sie sie kennenlernen; vor allem werden Sie, und das ist das Wichtigste und Wesentlichste, sagen können, wenn Ihnen eine unbekannte Art begegnet, in welcher Familie sie eingeordnet wird. Ich möchte gerne, daß Sie versuchen Verwandtschaft und Zugehörigkeit an der Gestalt (am Habitus, wie die Botaniker sagen) her-

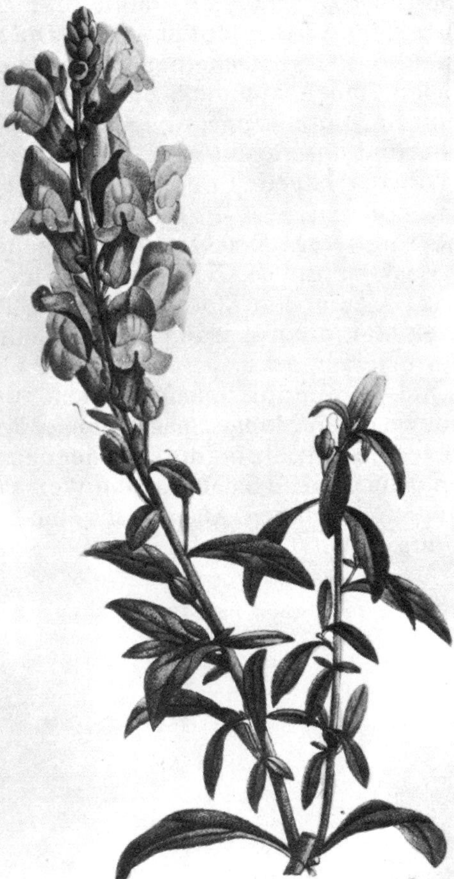

ANTIRRHINUM *Majus.* MUFLIER *à grande Fleur.*

ausfinden. Daß Ihr Auge so geübt ist, um auf den ersten Blick zu erkennen, ob die Blüte zu einem Lippen- oder Maskenblütler gehört. Die Form der Blumenkrone ist entscheidend. Ob sie richtig entschieden haben, können Sie sofort kontrollieren, indem die Blütenkrone weggenommen und der Kelchgrund untersucht wird. Haben Sie die Blüte den Labiatae zugeteilt und Sie zählen *vier hüllenlose Samen*, dann war Ihr Entscheid richtig; wenn Sie aber nur *einen Fruchtknoten* hat, gehört sie zu den Maskenblütlern. Dann hätten Sie sich also geirrt. Untersuchen Sie die gleiche Pflanze ein zweites Mal, dann werden Sie nie mehr diesen Fehler machen.

Nun, liebe Freundin, haben Sie nicht Stoff genug für mehrere und lange Spaziergänge? Ich werde nicht versäumen, Sie für die kommenden vorzubereiten. Und denken Sie daran, ein Wort von Ihnen wird mich beruhigen. Aber dieses eine Wort habe ich nötig. Leben Sie wohl, Liebe.

*Fünfter Brief*
16. Juli 1772

*Ich danke Ihnen, liebe Freundin, für die guten Nachrichten von Ihrer Frau Mama. Ich habe auf die gute Wirkung der Bergluft gehofft, nicht minder auf jene der Heilquelle, vor allem aber auf die besonders strenge Diät, die während* eines solchen Aufenthaltes vorgeschrieben wird. Wie bin ich gerührt, daß sie meiner gedenkt, und ich bitte Sie, ihr meinen Dank zu sagen. Aber ich verbiete ihr, mir während Ihrer Schweizer Kur auch nur eine Zeile zu schreiben; wenn sie mir direkte Nachrichten geben möchte, dann hat sie ja in Tante Julia eine gute Sekretärin, die so etwas mit Glanz erledigen wird. Eigentlich bin ich mehr erfreut als überrascht, daß Ihre Schwester in der Schweiz große Erfolge hat. Abgesehen von den Reizen ihres Alters, ihrem lebhaften und liebeswürdigen Frohmut hat Tante Julia, genau wie Sie, liebe Kusine, einen wunderbar ausgeglichenen und sanften Charakter. Falls sich Ihre Schwester wirklich in der Schweiz niederlassen würde, würde sie eine große Lücke hinterlassen; Sie und Frau Mama würden sie schmerzlich vermissen. Ich frage mich, wie würde Ihre Mutter diese neue Trennung ertragen? Sie hat doch schon sehr darunter gelitten, als Sie sich vermählt haben, obschon Sie ganz in der Nähe wohnen. Ich sehe schon, wiederum werden Sie hilfreich einspringen und den Kummer überbrücken helfen. Ach, Sie ersparen

ihr viel und werden wieder mit Ihren sanften Händen den herben Charakter glätten – ich zweifle nicht daran. Meine Freundin, wie glücklich ist doch Ihre Frau Mama!
Wissen Sie, nein, Sie können es kaum erraten, aber ich bin wirklich beunruhigt wegen des kleinen Herbars! Von keiner Seite habe ich etwas darüber gehört, wohl habe ich Nachrichten über Herrn G. durch seine Frau erhalten, mein Herbar wurde aber mit keinem Wort erwähnt. Nun habe ich ihm geschrieben und erwarte seinen Bericht. Eines befürchte ich – da er ja über Lyon gereist ist –, er habe das Paket einem Irgendwer übergeben und daß dieser, nichtsahnend, dem Inhalt keinen Wert beimaß und die getrockneten Kräuter als ganz gewöhnliches Heu taxierte. Trotzdem will ich die Hoffnung nicht aufgeben und daran glauben, daß Sie oder Ihre Schwester es doch noch erhalten werden. Dann werden Sie sehen, wie sorgfältig ich versucht habe es anzulegen. Der Verlust wäre nicht groß, aber unersetzlich, da ich von den damals niedergeschriebenen Erklärungen kein Doppel besitze.
Trösten Sie sich, gute Freundin, nicht nur Sie haben die Drüsen bei den Kreuzblütlern nicht gesehen, sondern auch viele Botaniker von Ruf haben sie nicht bemerkt, obschon sie viel bessere Lupen haben. Selbst der große Tournefort hat nicht darauf verwiesen. Diese Drüsen sind nicht bei allen Kreuzblütler-Arten gut ausgebildet, obschon bei allen Spuren davon zu finden sind. Beim Zerlegen der Blüten fallen einem Unebenheiten auf dem Rezeptakel auf; das hat dazu geführt, dieselben

besonders zu untersuchen. So hat man herausgefunden, daß die meisten Gattungen diese Drüsen ausbilden, so daß sie zu Recht bei allen Cruciferen vermutet werden, obwohl sie nicht überall sichtbar sind.
Ich verstehe Ihren Unmut gut. Soviel Zeit und Mühe für Pflanzen aufwenden, ohne den Artnamen zu kennen. Dennoch habe ich nicht die geringste Absicht, Ihnen diesen kleinen Kummer zu ersparen. Es wird immer behauptet, Botanik sei eine simple Wörter-Wissenschaft, gerade gut genug, um das Gedächtnis zu stärken, den Pflanzen Namen zu geben. Ich bitte Sie, wer ist ein echter Botaniker? Einer, der beim Anblick einer Blume viele Wörter ausspucken kann, ohne vom Aufbau, von der Gestalt und den Zusammenhängen etwas zu wissen? Oder einer, der Struktur und Habitus der Pflanze erklären kann, ohne aber den Artnamen zu kennen? – (Namen sind ja recht eigentlich sehr willkürlich und lauten erst noch von Land zu Land verschieden.) Wenn wir unsern Kindern nur eine vergnügliche Beschäftigung geben, verfehlen wir die bessere Hälfte unseres Ziels. Wir möchten sie ja auf unterhaltende Weise dazu führen, Intelligenz und Beobachtungsgabe zu schulen. Deshalb beginnen wir zuerst damit, sie *sehen zu lernen, bevor sie Pflanzennamen auswendig lernen! Dieses Sehen-Können ist in unsern Erziehungsmethoden in Vergessenheit geraten. Die Anschauung ist das Wichtigste. Immer wieder betone ich: Lehrt eure Kinder sich nicht mit leeren Worten zufrieden zu geben, sondern lehrt sie das erworbene Wissen selber zu überprüfen!*

Den strengen und bösen Lehrer spielen will ich übrigens nicht; in diesem Brief gebe ich Ihnen doch noch einige Pflanzennamen preis! Am besten wird es sein, wenn Sie sich die genannten Pflanzen jeweils zeigen lassen. Auf diese Weise können Sie meine Beschreibung nachprüfen. Ich vermute nämlich, daß Sie keine weiße Taubnessel zur Hand hatten, als Sie meinen Brief über die Labiatae durchlasen. Lassen Sie sich doch beim Kräuterhändler, der gleich in Ihrer Nähe wohnt, eine frischgepflückte Taubnessel holen, lesen Sie nochmals meine Beschreibung der Blüte, überprüfen Sie die andern Pflanzenteile, genau so, wie ich es Ihnen nachstehend empfehle. Befolgen Sie diesen meinen Rat, dann werden Sie die weiße Taubnessel tausendmal besser kennen als der Kräutermann selbst, der sie wohl verkauft, aber noch nicht darüber Bescheid weiß. Bald werden Sie auf den Herboristen verzichten können; ich vermute, dies wird nicht mehr lange dauern! – Kehren wir zur Betrachtung unserer Pflanzenfamilien zurück; ich möchte eine fünfte beschreiben, die jetzt gerade in voller Blüte ist.
Stellen Sie sich jetzt eine Pflanze vor mit ziemlich langem Stengel, der wechselweise mit meistens kleinen *gefiederten* Blättern geschmückt ist und aus deren Achseln Zweige wachsen. Am äußersten Ende des Stengels *teilen sich wie aus der innersten Mitte eines Kreises mehrere Stielchen oder Strahlen, die sich regelmäßig und kugelförmig ausweiten, sowie die Stäbe eines mehr oder weniger geöffneten Sonnenschirms, der diesen Stengel krönt.* Es kommt vor, daß in der Mitte der Strahlen ein freier

Raum übrig bleibt, der einer V-Vase gleicht; andererseits entspringen manchmal aus dieser Mitte kürzere Strahlen, die etwas weniger schräg gestellt sind; sie schmücken die Vase aus und formen zusammen mit den äußeren längeren Strahlen einen Halbkreis, dessen bauchiger Teil nach unten zeigt. *An jedem* Strahl oder an jedem Stiel befindet sich zu äußerst nicht eine Blüte, sondern noch ein zweiter Strahlenkreis, allerdings kleiner, so daß der Sonnenschirm mit noch kleineren Sonnenschirmchen gekrönt wird.
Also, was sehen Sie? Zwei gleiche aufeinanderfolgende Anordnungen: der großstrahlige Schirm am Ende des Stengels, ähnliche, kleinstrahlige Schirmchen an jedem Ende eines Strahls. Die kleinen »Sonnenschirmchen« teilen sich nicht mehr. An jedem Stielchen oder Strählchen befindet sich eine mehr oder weniger kleine Blüte. Gleich werden wir davon sprechen.
Wenn Sie sich die eben beschriebene Form und Anordnung der Blüten vorstellen, dann haben Sie die Familie der *Doldengewächse* oder der *Umbelliferen* vor Ihren Augen. (Das lateinische Wort umbella heißt Sonnenschirm).
Obschon dieser regelmäßige Blütenstand auffällig und ziemlich konstant ist, so ist er doch nicht ausschlaggebend beim Bestimmen. Wir kommen besser an das gewünschte Ziel, wenn der Blütenbau untersucht wird.
Aber, um klare Voraussetzungen zu schaffen, muß ich unbedingt von der Anordnung der verschiedenen Blüten- und Fruchtstände, von den allgemeinen Unterschieden sprechen. Liebe Freundin,

Sie werden ohne weiteres einsehen, daß sichere Kenntnis dieser Unterscheidungsmerkmale Ihnen das methodische Einordnen der jeweiligen Pflanze spürbar erleichtert, und zwar bei jedem System, das Sie zukünftig auch wählen mögen. Bei vielen Pflanzen, nehmen wir als Beispiel die Nelke, *hüllen Blütenkrone und Kelch den Fruchtknoten ein;* dieser befindet sich also oberhalb und wird aus diesem Grunde als *oberständig* bezeichnet. Bei zahlreichen anderen Pflanzen hingegen wird der Fruchtknoten nicht eingeschlossen, sondern er befindet sich *unterhalb des Kelchs;* dieser Fruchtknoten ist *unterständig.* Das können Sie sehr gut bei der Hagrose sehen. Die wohlbekannte Hagebutte, die Rosenfrucht, war vor der Reife jener grüne geschwollene Körper, der sozusagen von der Blüte gekrönt wurde. Unsere Hagrosen haben also einen unterständigen Fruchtknoten. Es kann sein, daß es Ihnen schwerfällt, solch wissenschaftliche Ausdrücke zu akzeptieren. *Es scheint mir aber wichtig, sich an diese gebräuchlichen botanischen Bezeichnungen zu halten, die fast alle aus dem Griechischen oder Lateinischen geformt worden sind.* Nehmen Sie das von der leichtern Seite, man kann – Gott sei Dank – Pflanzenkundiger werden ohne vorher linguistische Studien zu machen! Tournefort machte die gleiche Einteilung, hat aber andere Ausdrücke verwendet. Aber eben: verschiedene Köpfe, verschiedene Ausdrücke. So war's und so wird's bleiben. Immerhin eine gute Übung für unsere kleine Botanikerin: dieses Entwirren derselben Ideen, die aber unter andern Begriffen segeln.

28

DAUCUS CAROTTA. CAROTTE CULTIVÉE

Gehen wir zu unsern *Umbelliferen* zurück, die alle einen *unterständigen Fruchtknoten* haben, der, wie es sein soll, von der Blüte gekrönt wird. Diese hat fünf freie Kronblätter, die meistens regelmäßig sind. Allerdings kann es vorkommen, daß die zwei vom äußersten Doldenrand größer als die drei andern sind, meistens herzförmig mit äußerst dünnem Nagel; je nach Gattung ist der äußere Rand etwas eingebuchtet, oder auch zugespitzt. Manchmal bildet sich eine schmale Mittelfalte und man hat den Eindruck, das Kronblatt sei ausgerandet, obschon es eigentlich zugespitzt ist.
Zwischen jedem Kronblatt steht ein Staubblatt, dessen Beutel gewöhnlich die Blumenkrone überragen, so daß die fünf Staubblätter auffälliger als die Kronblätter sind. Den Kelch lasse ich beiseite, da er bei den Doldengewächsen nicht deutlich ausgebildet ist.
Aus der Blütenmitte erheben sich zwei mit hübschen Narben geschmückte Griffel, die nach dem Verwelken der Kron- und Staubblätter wie ein Sternchen auf der Frucht stehen bleiben.
Diese Frucht, meist länglich-oval, öffnet sich bei der Reife längsseits in zwei Hälften; zwei nackte Samen, an dünnen Stielchen baumelnd, werden sichtbar, dieses teilt sich nochmals, so daß die Samenkörner einzeln daran hängen, bis sie, reif geworden, abfallen – welch bewundernswertes Kunstwerk! Daß sich die Größe je nach Gattung verändert, ist ganz natürlich. Ich habe nur die hervorstechendsten Merkmale beschrieben. Ich weiß, wie viel Geduld, wie viel Ausdauer nötig sind, um so winzige Dinge mit der Lupe beobachten und

unterscheiden zu lernen. Doch diese Mühe lohnt sich, Sie werden es nie bereuen.
Hier nun die wichtigsten Charaktereigenschaften der Umbelliferen: *Fünf Blumenkronblätter, fünf Staubblätter, zwei Griffel auf einem nackten zweisamigen Fruchtknoten (d.h. zwei Samenkörner, die mit einem Stielchen verbunden sind).*
Wenn Sie, liebe Freundin, diese eben aufgezählten Merkmale bei einer Blüte, bei einer Frucht vorfinden, können Sie sicher sein, daß Sie einen Doldenblütler vor sich haben, sogar dann, wenn andere Punkte nicht mit meiner Beschreibung übereinstimmen sollten. Wenn Sie aber einen »Sonnenschirm« finden, der eigentlich meiner Beschreibung entspräche, lassen Sie sich nicht täuschen, zerlegen Sie zuerst eine Blüte, die, wer weiß, vielleicht den ersten Eindruck widerlegt.
Nehmen wir einmal an, daß Sie nach der Lektüre meines Briefes spazieren gehen und Sie stehen plötzlich einem blühenden Holunder gegenüber. Da ist ja ein Doldenblütler! würden Sie beim ersten Hinsehen ausrufen. Große Dolde, kleine Döldchen, kleine weiße Blüten, Blumenkrone oben, fünf Staubfäden, es kann nicht anders sein, eine Umbellifere! Seien wir vorsichtig, zerlegen wir erst mal eine Blüte.
Die Blüte hat fünf Abschnitte, das würde stimmen, aber, und jetzt kommt etwas Wichtiges – die Blütenkrone ist aus einem Stück, also verwachsen. (Sie haben schon gelernt, daß die Doldenblütler nicht zu den verwachsen-kronblättrigen gehören.) Sie zählen fünf Staubfäden, Griffel sehen Sie keinen, Narben manchmal drei, manchmal zwei

und im Fruchtknoten drei Samenanlagen. Aber die Doldengewächse haben nie mehr nie weniger als zwei Narben, nie mehr und nie weniger als zwei Samen in einem Fruchtknoten. Schließlich entwickelt sich der Fruchtknoten zu einer weichen Beere. Die Früchte der Umbelliferen sind aber trocken. Sie sind nun sicher, der Holunder gehört in eine andere Familie. Und weil Sie ja wißbegierig sind, beginnen Sie von vorn und besehen sich den Blütenstand genauer und Sie stellen fest, er sieht nur scheinbar jenem der Doldenblütler ähnlich. Denn die Ansatzstellen der Strahlen sind verschieden hoch, besonders augenfällig ist es bei den kleinen »Döldchen«, sie sind noch unregelmäßiger angeordnet. Das widerspricht der unveränderlichen Strahlenordnung der Doldengewächse. Die Blüten des Holunders sitzen auf einer *Schein- oder Trugdolde.* Ein Irrtum kann sehr lehrreich sein; wir haben besser beobachten gelernt, oder nicht?

Sie haben ja sicher schon vom *Feld-Mannstreu* (Eryngium campestre) gehört? Nun, Gestalt und Form entsprechen keineswegs einer Umbellifere, und doch gehört er gerade zu dieser Familie. Sehen wir ihn also genauer an. Wo kann ich, werden Sie mir sagen, Feld-Mannstreu finden? – Überall säumt er Wegränder, Landstraßen auf der rechten und der linken Seite. Sie erkennen ihn an seinen bläulich-grünen Blättern, die sehr stachelig und ledrig sind. Doch lassen Sie diese widerborstige Pflanze stehen, ist sie doch nicht schön genug, um uns für die Kratzwunden zu entschädigen, die man sich unfehlbar beim Zerlegen zuzieht. Und meine

ERYNGIUM *Campestre.* PANICAUT *des Champs.*

liebe kleine Freundin mit den zarten Händen wäre es bald überdrüssig, eine so garstige Pflanze anfassen zu müssen!
Die Familie der Umbelliferen ist sehr zahlreich und so natürlich, daß es sehr schwierig ist, Gattungen und Arten voneinander zu unterscheiden, genau wie Brüder, die durch große Ähnlichkeit dauernd verwechselt werden. Es ist klar, daß man versucht hat, sich irgendwie zu behelfen, dieser Schwierigkeit aus dem Wege zu gehen. Man hält sich am besten an wichtige Unterscheidungs-Merkmale, die oft recht nützlich sind, doch darf man sich nicht ganz darauf verlassen.
Eines dieser Merkmale: Der Mittelpunkt, von wo aus sich die Strahlen teilen, sei es bei der großen Dolde oder bei den kleinen Döldchen, ist nicht immer nackt. Er ist manchmal von kleinen Blättchen umgeben, als hätte er eine elegante grüne Manschette.
Diese Blättchen heißen *Hüllblätter* oder *Hülle.* Hat die große Dolde eine Manschette, ist es die *große Hülle,* haben die Döldchen Manschetten, sind es *kleine Hüllen* oder *Hüllchen.* Aus diesen Gründen können die Doldengewächse in drei Abschnitte unterteilt werden:
1. *Jene mit großen Hüllen und kleinen Hüllchen*
2. *Jene mit nur kleinen Hüllchen*
3. *Jene, die weder große noch kleine Hüllen haben.*
Vielleicht vermuten Sie nun, daß es noch eine vierte Kategorie gibt, nämlich jene mit großer Hülle und ohne Hüllchen. Dem ist nicht so, da eine solche nicht bekannt ist.
Verehrteste, Ihre erstaunlichen Fortschritte, Ihre

Geduld haben mich so sehr ermutigt, Ihnen die Familie der Umbelliferen darzustellen, ohne Ihnen auch nur eine einzige Art als Beispiel zu nennen. Ich stelle mir vor, daß meine Erklärungen Sie stark ermüdet haben. Da ich sie aber als äußerst gute Leserin kenne, zweifle ich nicht daran, daß Sie nach ein- oder zweimaliger Lektüre meines Briefs, Ihrem offenen Auge, Ihrem lebhaften Geist kein Doldenblütler entgehen wird! Jetzt, in dieser Jahreszeit blühen sie schön und üppig; Sie finden sie im Garten und auf dem Feld.

Die meisten blühen weiß, wie z. B. die wilde Möhre, Kerbel und Petersilie, Hundspetersilie, Engelwurz, Bärenklau, Bibernelle, Merk, Geißfuß oder Baumtropfen, Meerfenchel usw.

Einige, so der Fenchel, Anis und Pastinak, haben gelbe Blüten. Es gibt auch solche mit rötlichen. Andere Blütenfarben findet man bei den Doldengewächsen nicht.

Nun, Sie werden sagen: Hier habe ich ja eine ganz schöne Übersicht von dieser zahlreichen Familie. Aber, was hilft mir das? Sie wird mich nicht davor bewahren, Petersilie und Kerbel nicht mit dem Schierling des Gartens, der Hundspetersilie, zu verwechseln. Dieses theoretische Gerede! Wirklich, die schlechteste Köchin weiß mehr als ich! Meine Liebe, ich gebe Ihnen nur zu recht. Und doch, ich muß es sagen: Hätten wir mit Einzelbeschreibungen begonnen, würde unser Gedächtnis vor soviel gewichtigem Stoff zurückschrecken und uns bald einmal im Stich lassen bei unsern ersten zögernden Schritten in das immense Reich der Pflanzen. Wenn wir aber zuerst den großen Land-

straßen folgen, dann verlieren wir die Orientierung weniger schnell, da uns nicht unübersichtliche Pfade verwirren: Recht bald werden wir uns überall zurechtfinden. Aber – keine Regel ohne Ausnahme – meine Ausführungen sollen ja auch praktischen Nutzen für Sie haben. Ich möchte ja wirklich um alles in der Welt verhüten, daß Sie, gute Freundin, aus Unkenntnis, und zwar nach stundenlanger Analyse der Gesetze des Pflanzenreichs, einen Schierlings-Pfannkuchen essen!
Der kleine Schierling oder die Hundspetersilie (Aethusa Cynapium L.), ist ein Doldenblütler wie Petersilie und Kerbel. Auch er blüht weißlich. Wie der Kerbel hat er Hüllchen, aber keine Hülle; er gehört also zum zweiten Abschnitt. Die Blätter sind sehr ähnlich, so ähnlich, daß es mir nicht möglich ist, Ihnen auf schriftlichem Wege die Unterschiede zu erklären. Aber ich zähle Ihnen jetzt genügend Merkmale auf, so daß jeder Irrtum ausgeschlossen ist.
Gehen Sie in den Garten und lassen Sie sich die Hundspetersilie, die Petersilie und den Kerbel zeigen! Es ist am besten, wenn Sie sich blühende Exemplare ansehen; in diesem Zustand zeigt die Hundspetersilie ihren wahren Charakter. Unter jedem Döldchen befindet sich ein zusammengesetztes Hüllchen, zusammengesetzt aus *drei kleinen, länglichen und zugespitzten Blättchen, alle nach außen gewendet.* Rund um das Kerbel-Döldchen stehen die Hüllblättchen nach allen Seiten ab. Die Petersilie aber hat nur ein paar unscheinbare und kurze Hüllblättchen, haarfein und unregelmäßig angeordnet bei der großen Dolde und

beim kleinen Döldchen, Hülle und Hüllchen sind spärlich und mager.
Wenn Sie nun sicher sind, den blühenden Schierling des Gartens, die Hundspetersilie, gut zu kennen, dann vergewissern Sie sich noch, indem Sie ein paar Blätter in der Hand leicht zerreiben; wenn Sie daran riechen, werden sie ohne Zweifel Ihr schönes Näschen rümpfen! Der starke, ja stinkende Geruch hebt sich zweifellos vom angenehmen Duft der Petersilie und des Kerbels ab. Um jeden Fehler auszuschalten, untersuchen Sie vergleichend alle drei Pflanzen in allen Wachstumsstadien. Prüfen Sie vor allem die Blätter, die ja dauerhafter sind als die Blüten. Durch Vergleichen, Prüfen, Wiederholen gewinnen Sie Sicherheit und Sie werden bald ohne Zögern die Hundspetersilie auf den ersten Blick erkennen. Auf diese Art und Weise führen uns unsere Studien an die goldene Pforte der Praxis, die wiederum die Pfade zum Wissen, zur Erkenntnis öffnet.
Was für ein ausführlicher, ja mühsamer Brief – gute Freundin, atmen Sie tief ein und erholen Sie sich! Doch muß ich Ihnen gleich gestehen, ich befürchte sehr, daß die nächsten ebenso lang und ermüdend sein werden. Doch stellen Sie sich vor: Nachher werden wir nur noch blumengeschmückte Wege vor uns haben. Wirklich, Sie verdienen eine Krone für Ihre Sanftmut und für Ihre Ausdauer, mir ohne Zaudern in dieses Dickicht zu folgen, ohne vor den Dornen zurückzuschrecken! – Einen schönen guten Tag, Liebe.

*Sechster Brief*
Den 2. Mai 1773

*Liebe Freundin, natürlich bleiben noch viele Fragen offen, und ich weiß nur zu gut, daß meine Beschreibungen der schon besprochenen Pflanzenfamilien nicht immer einleuchtend und klar genug waren, um unsere liebe kleine* Botanophile ganz zu befriedigen. Dennoch bin ich recht zuversichtlich und hoffe, daß mein Unterricht es Ihnen doch ermöglicht, gewisse wichtige Familienmerkmale zu erkennen und sie einzuordnen. Sie haben nun ein Herbar angelegt. Vermutlich wird es Ihnen in ein paar Monaten möglich sein, eine unbekannte Pflanze nach deren Gestalt und Habitus richtig einzureihen; jedenfalls werden Sie sicherlich sagen können, ob sie schon zu den dargestellten Familien gehört oder nicht. Natürlich unter dem Vorbehalt, daß Sie die Blüte jeweils untersuchen, um nachzuprüfen, ob die Vermutung richtig oder falsch gewesen ist.
Diese Doldenblütler, diese Umbelliferen haben ja, wie mir scheint, einige Verwirrung gestiftet. Ich gebe Ihnen den Rat: Halten Sie sich eng an meine Ausführungen und glauben Sie mir, Verwirrtes entwirrt sich! Lassen Sie sich in diesem Sommer die wilde Möhre und den Pastinak zeigen und zwar, wenn sie in Blüte stehen; beide kommen recht häufig in Gemüsegärten vor. Und wenn Sie einmal einen Doldenblütler richtig angeschaut haben, wird Ihnen unmittelbar klar, *wie* die ganze

Familie aussehen muß und Sie werden sich nicht mehr so schnell irren. Das ist alles, was ich bis jetzt gesagt habe, und mehr wünsche ich augenblicklich gar nicht. Es wird noch recht lange gehen, bis ich auf die einzelnen Gattungen und Arten zu sprechen komme. Ich muß noch einmal betonen: Es geht nicht darum, sich nach Papageienart Namen anzueignen, sondern es geht um echte, um wahrhafte Wissenschaft, und zwar um die liebenswerteste aller Wissenschaften, die wir Menschen betreiben können. Ich bleibe also bei meiner Methode und gehe aus diesen Gründen zur sechsten Familie über, die wahrscheinlich noch größere Verwirrung anrichten wird als unsere Doldengewächse. Doch will ich versuchen, Ihnen zu Ihrer Erleichterung eine Gesamtübersicht zu skizzieren. Mein Ziel kennen Sie ja, Ihnen möglichst klar die Probleme vor Augen zu führen. Wir haben jetzt noch genügend Zeit dafür, bevor alles blüht. Und diese Spanne Zeit wollen wir nützen, um die kommenden Schwierigkeiten besser meistern zu können, gegen sie wollen wir schon jetzt ankämpfen, oder nicht?

Gehen Sie hinaus und pflücken Sie eines jener Blümchen, das jetzt überall die Wiesen bedeckt. Es ist das Gänseblümchen, oder viele sagen auch Maßliebchen, kleines Margeritchen, die Botaniker: *Bellis perennis.* Und jetzt schauen Sie genau hin: Ich bin sicher, Sie damit zu überraschen, wenn ich Ihnen verrate, daß diese liebliche kleine Blume in Wirklichkeit aus zwei-, ja dreihundert vollkommenen Blüten zusammengesetzt ist, und zwar bestehend aus Krone, Fruchtknoten, Griffel

BELLIS *Perennis.* PAQUERETTE *Vivace*

und Staubblätter; alle sind ebenso vollkommen wie eine Lilie oder eine Hyazinthe. Jedes einzelne Blättchen, auf der Oberseite meistens weiß, auf der Rückseite rosa, sieht eher wie ein Kronblatt aus und ist doch eine ganze, eine echte Blüte. Die goldene Mitte besteht nicht, wie man leichthin annehmen möchte, aus lauter Staubfäden, sondern jedes feine »Hälmchen« formt auch eine vollständige Blüte. Wären Ihre Finger schon geübt im Zerlegen von Blüten, könnten Sie mit einer guten Lupe und viel Geduld mit eigenen Augen sehen, daß ich die volle Wahrheit sage. Wenn ich bitten darf, schenken Sie doch vorläufig meinen Worten Glauben! Sonst befürchte ich, daß Sie sich in diesen kleinen Kleinigkeiten verlieren. Indessen gebe ich mir alle Mühe, Sie auf die richtige Fährte zu führen.

Erst reißen Sie eines dieser weißen »Kronblättchen« weg! Scheint es nicht ganz flach zu sein? Wenn Sie aber ganz genau nachprüfen, gerade dort, wo die Ansatzstelle war, stellen Sie fest, daß dieses Zipfelende gar nicht flach, sondern rund, hohl, röhrenförmig ist.

Aus dem winzigen Röhrchen ragt ein sehr feiner Faden heraus, der mit zwei Hörnchen geschmückt ist. Es handelt sich um die Narbe, die gegabelte Verlängerung des Griffels.

Und nun betrachten Sie die gelben »Hälmchen«, diese goldene Blumenmitte! Wenn Sie eines davon untersuchen, sehen Sie bald, dass es sich auch hier um echte Blüten handelt, wie ich es Ihnen schon vorhin sagte. Befinden sie sich in vorgerücktem Stadium – diejenigen am äußern Rand öffnen sich

zuerst –, kann man gut vollentfaltete Blütenkrönchen sehen; sie gehören zu den verwachsenkronblättrigen. Mit einer Lupe kann man leicht Griffel und Narbe und sogar Staubblätter erkennen. Die Blütchen in der innersten Mitte blühen später auf, deshalb scheinen sie rundlich zu sein, weil sie noch geschlossen sind. Genügt das, um Sie zu überzeugen, daß alle diese Blättchen und Hälmchen, mögen sie weiß oder gelb sein, wirklich echte, vollkommene Blüten sind? Es ist ein sehr wichtiges Familienmerkmal, eine immer wiederkehrende Tatsache.
Sie haben bemerkt, nehme ich an, daß alle diese kleinen, eng zusammengepferchten Blüten von ein und demselben »Kelch« eingefaßt werden? Es ist wirklich unser vertrautes Maßliebchen! Wenn wir nun annehmen, daß eben dieses Blümchen eine einzige Blume sei, wäre es nicht unklug zu sagen, sie sei *zusammengesetzt* und man könnte ihr *Komposite* als Namen geben? Es gibt sehr viele Arten und Gattungen, die ähnlich zusammengesetzte Blumenköpfchen haben wie unser Gänseblümchen. Alle werden von einem sogenannten »Körbchen« eingefaßt. Da hätten wir also in groben Zügen unsere sechste Familie, die *Kompositen* oder die *Körbchenblütler*. Diese Bezeichnung, dieser Begriff ist unklar und vieldeutig. Wir müssen bedenken, daß es sich beim »Körbchen« um einen ganzen Blütenstand handelt, welcher aus vielen kleinen Blüten besteht. Vergessen wir aber dabei nicht, daß es echte, vollständige Blüten sind, d.h. mit Fruchtknoten, Griffel und Staubfäden!
Wie Sie gesehen haben, trägt das Gänseblümchen

LEONTODON Taraxacum. PISSENLIT Dent-de-Lion.

zwei verschiedene Blütchenformen zur Schau, nämlich jene gelben, röhrenförmigen, die die Mitte der Blume bilden, und diese kleinen zungenförmigen am äußern Rand. Die kleinen Gelben erinnern etwas an die Form des Maiglöckchens oder der Hyazinthe, die weißen mahnen ein wenig an die Geißblattblüten. Nun, die Botaniker verwenden für die ersteren die Bezeichnung *Röhrenblüte* und für die zweiten *Zungenblüte* (ja wirklich, man kann sich vorstellen, daß eine Blütenseite abgefressen wurde, und nur noch diese kleine Zunge übrig blieb!)

Aus diesen beiden Formen, also aus Röhren- und Zungenblüte, setzen sich alle bis jetzt bekannten Kompositen zusammen. Weil die Familie zahlreich ist, wurde sie von den Fachleuten in drei Gruppen gegliedert, die sich deutlich voneinander abheben.

Bei der *ersten Gruppe* setzen sich die Blütenköpfe *nur aus Zungenblüten* zusammen, sowohl in der Mitte als auch am Rand. Sie sind einfarbig, und zwar meistens gelb wie der echte Löwenzahn, das Pfaffenröhrlein, Kopfsalat, Lattich, Rainkohl, Schwarzwurzel, der Wiesenbocksbart; die Zichorie macht eine Ausnahme, sie blüht blau.

Die *zweite Gruppe* umfaßt jene, die *nur aus Röhrenblüten* zusammengesetzt sind. Auch sie sind meistens einfarbig, z.B. Immortellen, Klette, Wermut, Beifuß, Distel, Artischoke, die ja auch eine Distel ist, deren Hüllkelch und Blütenboden als Knospe verspeist wird, bevor sich die Blüten entfalten konnten. Diese Füllhaare in der Mitte der Artischocke sind nämlich nichts anderes als die künfti-

gen Röhrenblüten am Anfang ihres Wachstums. Bevor wir den Blütenboden essen können, lösen wir jeweils den dichten Haarkranz, den sogenannten *Pappus* ab, d.h. die unentwickelten Blütchen. Die *dritte Gruppe* weist beide Blütenformen auf. Die Mitte des Körbchens ist mit Röhrenblütchen ausgefüllt, die Zungenblütchen formen den Rand, die Peripherie, genau so wie Sie es eben beim Maßliebchen gesehen haben. Diese Gruppe hat einen besondern Namen erhalten, nämlich die *Strahlblütigen,* die Sie sehr gut von den andern unterscheiden können. Im innern Kreis auf der *Scheibe* oder dem *Diskus* sitzen die Röhrenblüten, die von den Strahlen- oder Zungenblüten umrahmt werden. Meistens sind sie zweifarbig: die Mitte braun oder gelb, die Strahlen gelb, weiß oder violett. Es gibt aber auch Gattungen und Arten, die einfarbig sind.
Ich möchte noch versuchen, Ihnen den Begriff des Körbchen-Blütlers zu erklären. Sie kennen ja sicher den Wiesenklee; zurzeit ist er in schönster Blüte. Das purpurrote Köpfchen sieht man von weitem leuchten. Sie begegnen ihm beim Spazieren. Und wenn Sie nun soviele kleine Köpfchen sehen, dann ist die Versuchung groß anzunehmen, es handle sich um eine Komposite, einen Körbchen-Blütler, Sie würden sich täuschen. Weshalb? – Nun, viele kleine Blüten zu einem Köpfchen zusammengedrängt ergeben noch keine Komposite. Bei einem echten Körbchenblütler wachsen alle Blütchen auf ein und demselben Blütenbecher, umgeben von einem Hüllkelch.
Es stimmt schon, man könnte sagen, daß dieses

Grüppchen von Klee-Blüten umhüllt werde von einem »Kelch«. Wenn Sie aber diese Blättchen vorsichtig auseinandernehmen, sehen Sie sofort, daß sie nicht zum Blütenkopf gehören, sondern zum Blütenstiel; es handelt sich hier also gewissermaßen noch um Laubblätter. Und wenn Sie noch genauer hinsehen, bemerken Sie, daß die vermeintliche Komposite aus vielen kleinen Schmetterlingsblüten besteht, die alle einen eigenen Kelch haben. Nur eines haben diese Blüten gemeinsam: sie sitzen auf demselben Blütenstiel. Spricht man also vom Klee, sollte man vermeiden, von *einer* Blume zu sprechen – das ist eine falsche, aber noch sehr verbreitete Vorstellung –, man kann höchstens von einem Blütenköpfchen (flos capitatus, capitulum) reden, was recht oft auch von Botanikern angewendet wird.

Ob mein Versuch, Ihnen, liebe Freundin, diese Familie so einfach und so verständlich wie möglich darzustellen, ob er wohl gelungen ist? Anstatt von einer Kompositen-Familie zu sprechen, wäre es eigentlich klüger, von einer *Sippe* zu reden, die in drei Familiengruppen aufgeteilt wird.

Noch etwas Wichtiges muß ich erwähnen, und zwar den sehr speziellen Aufbau der Samen. Vielleicht gelingt es mir auf diesem Weg, die charakteristischen Merkmale dieser zahlreichen und schwierigen Familie nachzuzeichnen.

Der *Blütenbecher* oder das *Rezeptakel* ist ein wichtiger Bestandteil der Komposite; darauf wachsen die Zungen- und Röhrenblüten, hier bilden sich auch die Samen aus. Dieses Rezeptakel – eine runde Scheibe von unterschiedlicher Größe – wird vom Hüllkelch umschlossen, wie Sie es sehr gut beim Löwenzahn sehen können, den wir als Beispiel wählen. Der Hüllkelch, bestehend aus vielen kleinen Blättchen, kann während der Blütezeit und der Samenbildung gewisse Bewegungen ausführen, nämlich sich öffnen oder schließen, ja er kann sich sogar umstülpen, und zwar ohne je Risse zu bilden.

Er wird von zwei Blattreihen gebildet, die wechselweise versetzt sind; die innern Blättchen umfassen das Blütenkörbchen, die äußern stützen und schützen, können sich sogar nach außen und nach innen biegen. Die innere Kelchblattreihe bewegt sich nicht, sie hält und umgibt die Zungenblütchen des Löwenzahns.

Eine recht häufige Form ist der »Dachziegel-Kelch« – ich möchte damit bedeuten, daß *die Blattreihen dachziegelig angeordnet sind, also verschiedene versetzte Reihen, die sich aufeinanderfügen, genau so wie die Ziegel eines Hausdachs.* Als Beispiele nenne ich: Artischocke, Kornblume, Flockenblume und Schwarzwurzel.

Umschlossen vom Kelch wachsen Zungen- und Röhrenblüten dichtgedrängt auf der Blütenbodenscheibe wie auf einem Schachbrett. Manchmal berühren sich die Blüten unmittelbar, häufig werden sie aber von Haaren oder Schuppen umhüllt, die oft am Rezeptakel hängen bleiben, wenn die Samen herausgefallen sind. – Ich glaube, nun können Sie schon recht selbständig die Unterschiede von Hüllkelch und Blütenboden feststellen. Gehen wir jetzt zur Struktur, zum Aufbau der *Röhren- und Zungenblüten* über.

Ich beginne mit der *Röhrenblüte*: sie ist *verwachsen, meistens regelmäßig*, das *Krönchen* ist oben in *vier oder fünf Lappen gespalten*. Unten, am *Röhrenende*, sind die *fünf Staubfäden* angewachsen, die sich gegen oben *vereinigen zu einer runden kleinen Tüte*, die den *Griffel* einschließt. Die *fünf Staubblätter* werden also hier zu einem *einzigen röhrigen Körper*, was die Botaniker bewogen hat, dieses Merkmal als besonders wesentlich und wichtig für die Kompositen zu bezeichnen. Keine andere bekannte Blumenfamilie hat diese Eigenschaft. (Wenn Sie also verschiedene Blüten auf demselben Blütenboden finden – wie z.B. bei der Skabiose oder der wilden Karde –, doch die Staubfäden sind nicht röhrig rund um den Griffel verwachsen, die Blüte hat keinen einsamigen Fruchtknoten, da hilft alles nichts: es sind keine Röhrenblüten, es ist keine Komposite!) Gesetzt den Fall, Sie finden eine einzige, alleinstehende Blüte, deren fünf Staubfäden einen einzigen tubenförmigen Körper bilden, die einen einsamigen, unterständigen Fruchtknoten hat, sie wäre, obschon allein, doch eine Röhrenblüte und würde ganz richtig den Kompositen zugeteilt. *Es ist also äußerst wichtig, sich ein genaues Bild vom Blütenbau zu machen, und sich nicht täuschen lassen von einem irreführenden Äußeren!*

Der Stempel ist meistens länger als die Blüte; er ragt aus der Staubfadenröhre heraus. Die gabelige Narbe formt meistens zwei Hörnchen, die leicht zu sehen sind. Weder Stempel noch Röhrenblüte sind unmittelbar mit dem Blütenboden verbunden. Als Basis dient der Fruchtknoten, der, wie schon ge-

sagt, unterständig ist; während die Röhrenblüte verwelkt, schwillt der Fruchtknoten an und wird nach und nach zu einem länglichen Samenkorn, das bis zu seiner Reife mit dem Rezeptakel verbunden bleibt. Bei einigen Arten sind die Samen nackt und ungeschmückt; diese fallen, wenn sie reif sind, auf die Erde. Sind die Samen aber mit einem »Federbüschel« gekrönt, werden sie vom Wind verbreitet. Der Blütenboden ist je nach Art behaart und schuppig, oder nackt und bloß.
Bei den zungenblütigen Kompositen sind Staubblätter, Stempel und Fruchtknoten ähnlich angeordnet. Als Beispiel haben wir schon vorher vom Gänseblümchen gesprochen. Recht oft kommt es vor, daß die Zungenblüten steril sind, d.h. es können keine Samen ausgebildet werden. Ist dies der Fall, übernehmen die Röhrenblüten, diese goldenen in der Mitte, die Aufgabe der Fortpflanzung.
Bei sämtlichen Gattungen *sitzt der Fruchtknoten auf dem Blütenboden, d.h. er ist unmittelbar, ohne Stielchen mit ihm verbunden.* Und um es noch einmal zu wiederholen: Körbchenblütler zeichnen ihre Samen oft durch sitzende oder gestielte »Federbüschel« aus. Sie verstehen, gute Freundin, die großartige nützliche Einrichtung. So kann der Wind die Samen leicht davontragen.
Ich bin unglücklich über meine allzuknappen und schlecht formulierten Beschreibungen. Es drängt mich aber, Ihre Aufmerksamkeit noch auf den Hüllkelch zu richten, dessen *Bewegungen* etwas Wunderbares sind. Nämlich, wenn die Blüten sich entfalten, öffnet er sich, wenn sie welken und abfallen, schließt er sich; um dem größer und rei-

fer werdenden Samen mehr Raum zu schaffen, öffnet er sich erneut, ja er stülpt sich manchmal sogar um. Ich kann mir vorstellen, daß Sie beim Löwenzahn diese Vorgänge beobachtet haben, ohne vielleicht zu realisieren, um was es sich handelt. Nicht wahr, wie oft haben Sie schon spielende Kinder gesehen, die den verblühten Löwenzahn pflückten, die fedrigen Schirmchen fortbliesen, die auf dem *zur Kugel gewordenen umgestülpten Kelch* saßen?

Um diese große Familie, eine eigentliche Sippe, gut kennen zu lernen, wird es unumgänglich sein, alle Stadien von Knospe, Blüte und Frucht in natürlichem Ablauf zu betrachten. Es ist dies eine Folge von Metamorphosen, eine einzige Kette von Wundern, die jeden Menschen mit Herz und Verstand immerdar begeistern und beglücken wird. Am bequemsten wird es wohl sein, wenn Sie ein Exemplar der Ringelblume wählen. Sie finden sie häufig in Gärten und Rebbergen. Um das Gesagte nachzuprüfen, eignet sie sich recht gut. Die hübsche goldene Ringelblume gehört, wie Sie bald selbst feststellen, zu den Kompositen mit Zungen- und Röhrenblüten. Auch die Busch-Wucherblume, die im Herbst die Vorgärten schmückt, gehört zu derselben Gruppe. Hingegen die Disteln, die sind röhrenblütig. (A propos Disteln: Man kann nie vorsichtig genug sein! Nicht nur, weil sie so stachelig sind, sondern, z.B. unsere Kardendistel, das ist gar keine echte Distel, und sie gehört denn auch in eine ganz andere Familie.) Daß Löwenzahn und Schwarzwurzel nur zungenblütig sind, wissen Sie längst. Die Blüten der aufgeführten Pflanzen sind

alle groß genug, um sie ohne Lupe zerlegen und studieren zu können.
Genug für heute, mehr als genug. Ich zittere davor, Ihre Geduld über Gebühr in Anspruch genommen zu haben. Wie gerne hätte ich mich kürzer gefaßt und alle diese Einzelheiten klarer dargestellt. Leider ist es mir nicht gelungen, die Schwierigkeiten aus dem Weg zu räumen, die aus der Sache selbst entstehen. Schönen guten Tag, liebe Freundin.

NB Noch etwas: Beim Wiederlesen Ihres letzten Briefes kamen mir Zweifel. Stimmt es wirklich, haben Sie die Röhrenblütchen bei der großen Wucherblume ganz allein entdeckt? Ich kann es kaum glauben! Daß sie eine aufmerksame Beobachterin sind, weiß ich sehr gut. Aber trotzdem wäre es verständlich und natürlich, die gelben Punkte auf dem Blütenboden für Staubfäden und die Zungenblütchen für Kronblätter zu halten. Ich kenne Sie, Sie sind ehrlich, sagen Sie mir bitte die volle Wahrheit: Hat Sie nicht irgendwer auf die richtige Spur gebracht? Wenn Sie es aber ganz selbständig herausgefunden haben, und Ihre kleine scharfäugige Begleiterin es ebenfalls gesehen hat, dann prophezeihe ich kühn: Sie beide und die Herzogin von Portland werden in wenigen Jahren als einzige weibliche Mitglieder zu den wenigen echten Botanikern gehören, denen nichts unbekannt ist auf unserer blumengeschmückten Erde!

*Siebenter Brief*
(ohne Datum)

*Ganz geduldig habe ich Ihren Brief erwartet, liebe Freundin, und zwar, weil ich inzwischen Herrn T. gesehen habe; er sagte mir, Ihre Frau Mama, ja die ganze Familie seien bei guter Gesundheit. Natürlich freue ich mich darüber, daß* Sie mir den beruhigenden Bericht nun auch bestätigen. Ganz besonders habe ich mich über die guten neuen Nachrichten von Tante Goncerut gefreut. Diese ihre lieben Grüße und ihr Segen haben mein Herz vor Freude höher schlagen lassen. Wie lange ist es doch her, seit ich Ähnliches empfunden habe! Solange meine Tante Goncerut hier auf dieser Erde noch lebt, atmet und wirkt, solange will ich das Leben lieben und es hier auch aushalten, möge kommen, was da wolle!

Schon wieder ist die Zeit da, teure Freundin, Ihre sprichwörtliche Güte in Anspruch zu nehmen. Meine kleine Gabe wird aber erst etwas wert sein, wenn Sie sie in Empfang genommen haben. Gerne hoffe ich, daß ihr verehrtester Gatte recht bald nach Paris komme, dann will ich ihn bitten, gütigst meinen Jahreszins mitzunehmen. Müßte er aber seine Reise verschieben, was ja gut möglich wäre, bitte ich Sie dringend, mir umgehend mitzuteilen, wem ich den Betrag anvertrauen könnte, da ich unbedingt jede Verzögerung vermeiden möchte. Es liegt mir sehr viel daran zu verhüten, daß Sie mir wie letztes Jahr einen Vorschuß gewähren,

obschon ich recht gut weiß, daß Sie dies mit der Ihnen eigenen Großmut tun würden; doch ohne Not möchte ich darauf verzichten.
Und nun, meine liebe Botanikerin, finden Sie beiliegend alle Namen der Pflanzen, die Sie mir letzthin zugeschickt haben. Einige habe ich zwar mit einem Fragezeichen versehen. Ich war nicht immer sicher, denn Sie haben es schon wieder unterlassen, mir mit den Blüten auch die Blätter zu senden. Um die Art einer Pflanze bestimmen zu können, ist es meistens unumgänglich, auch die Blätter vor sich zu haben.
Es geht nicht mehr lange und Sie werden wieder nach Fourvière ziehen. Dann werden fast alle Obstbäume in schönster Blüte stehen. Eben fällt mir ein, daß Sie mich seinerzeit darum gebeten haben, Ihnen über dieses Thema ein paar Worte zu sagen. Augenblicklich habe ich sehr viel zu tun, und ich bin in großer Eile. Dennoch will ich versuchen, Ihnen auf die Spur zu helfen, damit Sie nicht noch einmal ein ganzes Jahr verlieren, um alles beobachten und nachprüfen zu können.
Aber, liebe Freundin, bitte, überschätzen Sie die Botanik nicht! Sie ist und bleibt ein Studium, das nur reine Wißbegier zu befriedigen vermag. Sie hat keinen andern Nutzen, als einem denkenden und empfindsamen Menschen die Tore zum Wunderreich der Natur zu öffnen. Der Mensch hat dort vieles verändert, um es seinen Zwecken dienstbar zu machen. Darf man ihn deswegen tadeln? Und doch stimmt es leider auch, daß er nicht nur vieles verändert, sondern zugleich auch entstellt hat. Und wenn der Mensch glaubt, er finde in seiner

Hände Werk die Natur wieder, dann täuscht er sich! Diesem Irrtum begegnet man hauptsächlich in der zivilisierten Gesellschaft – und, was mich besonders schmerzt, sogar noch in unsern Gärten. Ich denke an die viel bewunderten, gefüllten Blumen unserer Vorgärten, diese scheußlichen Mißgeburten, denen die Fähigkeit ihresgleichen hervorzubringen abhanden gekommen ist. Und die Natur hat doch allen Wesen auf dieser unserer Erde die Fähigkeit zur Fortpflanzung mitgegeben!
In gewisser Beziehung sind die Obstbäume durch Okulierung in einem ähnlichen Fall. Säen Sie nur einmal einen Apfel- oder Birnenkern, und sei es von der besten Sorte! Glauben Sie mir, es werden nur Wildlinge wachsen. Um die echte, ursprüngliche Birne, um den echten Apfel kennenzulernen, müssen wir also nicht in unseren Obstgärten nachschauen, sondern wir müssen in unsere Wälder gehen. Die Bäume sind kräftiger, widerstandsfähiger; die Frucht ist kleiner, weniger saftig und hat viel mehr und größere Samen. Ich merke eben, dieses Thema würde zu weit führen, kehren wir deshalb in unsere Obstgärten zurück.
Unsere Obstbäume, obwohl okuliert, haben noch alle botanischen Merkmale der Samenbildung behalten. Betrachten wir sie einmal aufmerksam und ohne Vorurteil. Durch die Okulierung hat sich allerlei verändert. Doch wir stellen bald erstaunt fest, daß es eigentlich nur eine einzige Birne gibt, die aber durch ihre Mannigfaltigkeit von Größe und Geschmack unter tausend verschiedenen Namen bekannt ist. Lassen wir uns nicht trügen! Man meint viele Birnen zu kennen; in diesem Fall han-

AMYGDALUS *Persica*. PÊCHER *commun en Fleurs*.

delt es sich aber nicht um Arten (Spezies), sondern im Grunde nur um die Abwandlung einer Art – alles sind Sorten, oder mit dem botanischen Fachausdruck Varietäten. Wenn Sie bedenken, daß der Apfel und die Birne zwei Arten von derselben Gattung sind, deren charakteristischer Unterschied darin besteht, daß der Apfelstiel in einer Einbuchtung, der Birnstiel aber auf einer verlängerten Ausbuchtung sitzt. Auch bei den verschiedenen Kirschensorten sind es nicht verschiedene Arten, sondern es ist ein und dieselbe Art, sei es die Herz- oder Süßkirsche, die Sauer- oder Weichselkirsche oder die rotgelben Kirschen. Und all die Zwetschgensorten, die Sie kennen, auch sie bilden nur eine Art. Kirsche und Zwetschge gehören zur Gattung Prunus, also zur »Zwetschgen«-Gattung, die drei wohlschmeckende Vertreter zählt; nämlich die echte Zwetschge, die Kirsche und schließlich noch die schöne Aprikose, die somit auch so etwas wie eine Zwetschge ist. So hat der große Linné, als er diese Gattung in Arten aufteilte, von einer Zwetschgen-Zwetschge (alter lateinischer Name »prunus-prunus«!) gesprochen, von einer Zwetschgen-Kirsche und von einer Zwetschgen-Aprikose. Es ist klar, daß sich die Besserwisser über ihn lustig gemacht haben. Die Kundigen aber bewunderten seine Genauigkeit und Kombinationsgabe! – und so weiter und so weiter ...
Ach, ich muß gehen und mich beeilen!
Noch etwas: Beinahe alle bekannten Obstbäume gehören der gleichen zahlreichen Familie an, deren Merkmale leicht zu behalten sind: Die vielen Staubblätter sind nicht mit dem Blütenboden ver-

wachsen, sondern mit dem Kelch, präziser, sie sitzen zwischen den Kronblättern; vielkronblättrige Blüte, meistens fünf Petalen oder mehr. Das wären die wichtigsten Familienmerkmale der *Rosengewächse*.
Die Birne, der Apfel und die Quitte gehören der gleichen Gattung an: fünfzipfliger, verwachsener Kelch, fünf mit dem Kelch verwachsene Kronblätter, unterständiger Fruchtknoten (d.h. unter dem Kelch), fünf Griffel, fleischige Frucht mit fünf Fächern, in welchen die Samenkerne enthalten sind, und so weiter und so weiter ....
Zur Gattung der Zwetschge gehören, wie schon gesagt, auch Aprikose, Kirsche und Kirschlorbeer. Kelch, Krone und Antheren ähnlich wie bei der Birne. Nur ein Griffel. Frucht eher wässerig als fleischig, enthält einen »steinigen« Kern.
Die Mandel und der Pfirsich gehören zur gleichen Gattung, die sich durch einen behaarten Fruchtknoten von der Gattung der Zwetschge unterscheidet. Die Frucht des Pfirsichs ist weich und fleischig; bei der Mandel aber trockenhäutig und mit einer löchrigen harten Schale umgeben, und so weiter ...
Wirklich, hier haben Sie nur eine recht grobe Skizze über die Obstbäume! Immerhin, so hoffe ich wenigstens, genug Stoff für diesen Sommer.
Schönen Tag, liebe Freundin.

NB Beiliegend Ihre Pflanzen zurück.
Die Pflanzenliste mit den gebräuchlichen und den lateinischen Namen. Ich rate Ihnen, nicht nur die landläufigen, sondern auch die lateinischen Na-

men auswendig zu lernen. Es ist der einzige Weg, sich mit Botanikern zu unterhalten, ohne langatmige Beschreibungen zu benötigen.

Nr. 1) *Saxifraga granulata – Knöllchentragender Steinbrech*

Diese Pflanze gehört in die Familie (jetzt: Steinbrechgewächse) der Rosengewächse. Ich habe sie noch nicht beschrieben. Der Kelch ist fünfzählig, fünf längliche Kronblätter, zehn Staubblätter, die Narbe ist gabelig geteilt. Der reifende Fruchtknoten bildet sich zu einer Kapsel aus mit zwei Hörnchen, die bei der Reife winzigkleine schwärzliche Sämchen ausschüttet. Die runden Blätter sind gekerbt, etwas gekerbt. Die Wurzeln sind mit rötlichen Brutknöllchen geschmückt, die oft irrtümlich als Steinbrech-Samen angesehen werden.

Nr. 2) *Veronica chamaedrys – Gamander-Ehrenpreis*

Es stimmt, es ist ein Ehrenpreis, aber nicht der Feld-Ehrenpreis (ein Vergißmeinnicht ist es nicht; dieses gehört zu den Boretschgewächsen!).

Alle Ehrenpreisarten haben unregelmäßige Blüten: vier Kronblättchen, die zuunterst verwachsen sind, eines davon ist kleiner als die drei andern. Die Frucht: eine herzförmige, flache Kapsel mit zwei Fruchtfächern. Die Samen sind größer und heller als jene vom Steinbrech.

Die Blätter des Echten Gamander (Teucrium chamaedrys) sind sehr ähnlich, deshalb der Name. Übrigens ein sicheres Merkmal, um diese Art von allen andern Ehrenpreisarten zu unterscheiden. Der Stengel und die Verzweigungen sind zweizeilig dicht behaart. Wenn Sie eine Lupe zur Hand haben, wird Ihnen sofort klar, was ich damit sagen will. Die Behaarung ist doch recht augenfällig, nicht? Aber noch kein Botaniker hat sie beschrieben.

Nr. 3) *Ranunculus acer – Scharfer Hahnenfuß*

Er gehört in eine große Familie, ist mit den Rosen eng verwandt: es sind die *Hahnenfußgewächse.* Ein wichtiges Merkmal der Gattung Hahnenfuß: am Nagel des Kronblatts sitzt ein schuppenähnliches Gebilde, wie ein Bläschen oder ein Täschchen. Das ist ein Nektarium oder Honigmal, so sagen die Botaniker. Und gerade dieses Merkmal hilft, um eine Hahnenfußart von einer Clematis (Waldrebe) zu unterscheiden, oder einer Anemone. Die ganze Familie weist *viele Staubblätter, viele Fruchtknoten* aus. Achten Sie genau auf den Blütenstiel: der scharfe Hahnenfuß hat einen dünnen, runden; jener vom kriechenden Hahnenfuß, der sehr häufig ist, ist gekielt.

Nr. 4) *Chrysanthemum leucanthemum – Große Margerite, Große Wucherblume*

Lesen Sie doch meinen Brief über die Großfamilie der Kompositen noch einmal durch. Nachher werden sie sogleich feststellen, daß es sich bei der Wucherblume um eine strahlenblütige Komposite handelt. Es wird Sie interessieren zu hören, daß es eine ähnliche Blume gibt, die gelb blüht. Diese wächst meistens auf Wiesen und Feldern. Die Blätter sind bläulich und fleischig. Beim Rindsauge (Buphtalmum salicifolium) sind Röhren- und Strahlenblüten goldgelb.

Nr. 5) *Anagallis arvensis – Acker-Gauchheil*

Der Kelch ist verwachsen mit fünf Spitzchen. Die

Krone ist ebenfalls verwachsen, radförmig, d.h. ohne Röhre; fünf kurze Staubblätter, runde Fruchtknoten. Die Kapselfrucht ist sozusagen spielerisch von der Natur ausgestattet worden. Beim Reifen zeichnen sich längliche Streifen ab, etwa ähnlich wie bei einer Melone. Nun nimmt man doch ohne weiteres an, daß sich die Kapsel längsseits öffnen wird, um den Samen auszuschütten. Weit gefehlt! Zerdrücken Sie nämlich die Kapsel zwischen den Fingern, stellen Sie überrascht fest, daß die Öffnung quer verläuft, genau wie bei einem Seifenschächtelchen. Die Längslinien enthüllen sich als ein echter Scherz – wirklich, der Meister spielt ein Spielchen mit seinen Schülern! Acker-Gauchheil kann rot oder blau blühen.

Nr. 6) *Euphorbia ... Wolfsmilch ....*

Alle Euphorbien stoßen dickflüssigen milchigen Saft aus, bricht man Stengel oder Blattstiel. Die Milch ist heilkräftig; sie bringt Warzen zum Verschwinden. Will man Euphorbien fürs Herbar, ist es wohl am klügsten, die Pflanzen etwas welken zu lassen; die Milch trocknet rasch aus.

Viele Wolfsmilch-Arten kommen häufig vor. An ihren Blättern kann man sie am besten unterscheiden. Leider hat Ihr Exemplar keine mehr. Oder haben Sie angenommen, die merkwürdigen Teller unterhalb der Blüten seien Blätter? Bitte senden Sie mir doch nochmals ein Exemplar, dann werde ich die Art bestimmen können.

Nr. 7) *Geranium dissectum – Schlitzblättriger Storchschnabel*

Bei allen Storchenschnabelarten sind die Staubblätter rings um den Fruchtknoten verteilt, aber sie sind nicht verwachsen wie z.B. bei den Malven. Fünf Griffel, fünf längliche Fruchtblätter, die später, wenn die Samen reifen, mit einem langen Schnabel versehen sind. Die fünf Schnabelfrüchte krümmen sich bei Vollreife der Samen. Die Teile werden nur noch am äußersten Ende der Achse zusammengehalten. Wenn Sie diese elegante Form betrachten, werden Sie unwillkürlich an einen Leuchter oder eine Girlande denken. – Der schlitzblättrige Storchenschnabel, sowie Artverwandte, trägt immer zwei Blüten auf einem einzigen gegabelten Blütenstielchen.

Nr. 8) *Stellaria media – Hühnerdarm*

Einige sagen zu ihr auch Vogelmiere, weil die Samen gerne von Vögeln gefressen werden. Oft wird dieses Kraut mit Nr. 5 verwechselt (Nicht aber von den Vögeln, denn Samen vom Acker-Gauchheil sind für sie unverträglich und würden sie töten!) Obschon sich die beiden Pflanzen in verschiedener Hinsicht ähnlich sehen, unterscheiden sie sich in manchem. Die Vogelmiere z.B. blüht immer weiß, sie hat fünf Kronblätter und drei Griffel, die Kapselfrucht ist länglich und öffnet sich an der Spitze. Der runde Stengel ist einseitig behaart. Hingegen blüht der Acker-Gauchheil blau oder rot, die Kapsel ist auch länglich, die sich aber quer in zwei Hälften teilt. Der Stengel ist kahl (d.h. unbehaart) und viereckig. Die Blattunterseite ist übrigens sehr charakteristisch: sie ist schwärzlich punktiert, jene der Vogelmiere aber nicht.

Nr. 9) *Malva neglecta – Gemeine Malve, Käslikraut*

Die Malve gibt einer recht zahlreichen Blumenfamilie den Namen: die Malvaceae oder Malvenge-

wächse. Ein wichtiges Familienmerkmal: die Filamente (Staubfäden) sind zu einer Röhre verwachsen, die Antheren (Staubbeutel) aber nicht. (Sie erinnern sich, bei den Kompositen sind beide röhrig verwachsen!) Diese besondere Stellung der Staubblätter hat den deutschen Botaniker Crantz veranlaßt, von Columniferen zu sprechen, wobei er außer den Malven auch noch die Geraniaceae (z.B. Storchenschnabel) dazuzählte.
Beachten Sie bei den Malven folgende Punkte:
1. Die einzelnen einsamigen Früchtchen sind verwachsen und bilden eine kreisrunde Scheibe.
2. Der Kelch ist bei fast allen Arten doppelt: sie haben also einen äußern und einen innern Kelch. Dieser umhüllt die fünfzählige Krone. Linné hat die Arten der Malven je nach Anzahl der Kelchblättchen unterteilt.
Ein Rat: Vielleicht ist es weniger schwierig die Merkmale der Malvaceae bei einer großblütigen Art zu untersuchen, z.B. beim rauhhaarigen Eibisch, der ja reichlich in Ihrem Garten wächst. Er gehört zwar zu einer andern Gattung als die Malve selbst, was aber nichts schadet, da Sie ja die Merkmale einer Familie untersuchen wollen. Eines würde mich sehr interessieren: Haben die Malven nach Ihrer Meinung verwachsene oder freie Kronblätter? Darüber streiten sich nämlich die Botaniker. Bitte schreiben Sie mir doch darüber.
Nr. 10) *Campanula glomerata – Büschel–Glockenblume*
Ich denke mir, daß Sie diese Glockenblume auf einer Wiese gefunden haben? Sie ist nicht die schönste ihrer Gattung. Viel hübscher ist z.B. die

Straußblütige Glockenblume, die oft auch in Gärten kultiviert wird. Zwei wichtige Merkmale von den an und für sich unkomplizierten Glockenblumen: Auffällig sind die breiten Staubfäden, die den obersten Teil des Fruchtknotens bedecken, auf besondere Weise öffnet sich die Fruchtkapsel, um die reifen Samen auszuschütten. Überflüssig zu bemerken, daß alle Glockenblumen einen unterständigen Fruchtknoten haben. Solches wissen Sie schon längst, nicht wahr?!

Nr. 11) *Centaurea Jacea – Gemeine Flockenblume*
(ohne Kommentar)

Nr. 12) *Campanula rotundifolia – Rundblättrige Glockenblume*
Linné hat ihr diesen Namen gegeben, obschon ihre Blätter schmal und länglich sind. Folgen Sie aber dem langen und dünnen Stengel bis zum Wurzelansatz, finden Sie die beiden ältesten Blätter (man nennt diese die grundständigen Blätter) und diese sind *rund*!

Nr. 13) *Leontodon hirsutum? – Behaarter Löwenzahn?*
Ich frage mich, ob es wirklich diese Art ist, da ich nur einfache Haare feststellen kann und nicht gegabelte, wie es zu dieser Art gehört.

Nr. 14) *Scabiosa columbaria – Tauben-Krätzkraut*
Es stimmt, es ist die Scabiosa columbaria, doch gehört sie nicht in die Familie der Kompositen. Untersuchen Sie noch einmal die Staubblätter und Sie werden feststellen, daß vier davon oben nicht verwachsen sind.
Skabiosen gehören zu den Kardengewächsen.

Nr. 15) *Medicago lupulina – Hopfenklee*
Dieses saftige Kraut gehört in die gleiche Gattung wie die Luzerne, die Ihnen ja sehr wohlbekannt ist.
Nr. 16) *Campanula glomerata – Büschel-Glockenblume*
Dieselbe Art wie Nr. 10 – Nur hat dieses Exemplar eine einzige Blüte, anstatt deren viele. Ein Zufall, daß hier kein knäueliger Blütenstand vorkommt.
Nr. 17) *Saponario officinalis – das Gebräuchliche Seifenkraut*
Nr. 18) *Daucus carota – die wilde Möhre*
Von der gemeinen Mohrrübe habe ich Ihnen letzthin eine Dolde in einem Brief geschickt.
Nr. 19) *Dactylis glomerata – Knäuelgras*
Diese Pflanze gehört in die große Familie der Gräser, der Gramineen. Wenn Sie mehr darüber wissen wollen, fragen Sie Ihre Schwester, meine Tante Julia!
Nr. 20) *Holcus lanatus – Wolliges Honiggras*
Gehört auch zu den Gräsern wie Nr. 19
Nr. 22) *Achillea millefolium – Gemeine Schafgarbe*
Die Gemeine Schafgarbe wird zu den Körbchenblütlern gezählt.
Nr. 21) *Lotus corniculatus – Gehörnter Schoten- oder Hornklee*
Sehen Sie sich einmal die Hülsen an und Sie wissen sofort, weshalb er diesen Namen trägt!
(NB Leider bemerke ich eben erst, daß ich die beiden Nummern verwechselt habe.)
Nr. 23) *Galium verum – das echte Labkraut*
Nr. 24) *Galium mollugo – das gemeine Labkraut*
Nr. 25) *Melissa nepéta? Mentha Pulegium?*

Nr. 26) *Heracleum Sphondylium? – Wiesen-Bärenklau oder Jurassischer Bärenklau?*
Nr. 27) *Filipendula Ulmaria? Moor-Spierstaude?*
Es ist nicht schwierig herauszufinden, ob es sie wirklich ist: Im Herbst, wenn Sie sie ausreißen, sehen Sie erbsengroße Knöllchen an den feinen Würzelchen hängen.
Nr. 28) *Polygonum orientale – Östlicher Knöterich*
Diese Pflanze ist nicht einheimisch. Wo haben Sie sie gefunden? Sicher nicht draußen auf freiem Feld!
Nr. 29) *Linaria vulgaris – Gewöhnliches Leinkraut*
Nr. 30) *Borago officinalis – Boretsch*
Wie denn, kennt meine Freundin den Boretsch nicht?!

*Achter Brief*
den 11. April 1774 (?)

*Dem Himmel sei Dank, Teure, Sie sind wieder gesund! Da ich weder von Ihnen etwas hörte noch von Herrn G., den ich doch inständig gebeten hatte, mir gleich nach seiner Ankunft zu schreiben, war ich wirklich sehr besorgt. Wie* grausam empfindet man doch dieses bedrückende Stillschweigen; Unruhe und Bangen werden immer größer, und man ist auf das Allerschlimmste gefaßt! – Aber jetzt, jetzt habe ich schon meinen Schmerz vergessen, und ich kann und will mich nur noch über Ihre Genesung freuen. Der Frühling, das weniger häusliche Leben in Fourvière, die Freude darüber, wieder die schönste und sinnvollste Tätigkeit ausüben zu dürfen, werden dazu beitragen, daß Sie bald wieder zu Kräften kommen. Auch wird die vorübergehende Abwesenheit Ihres Gatten Sie nicht allzusehr betrüben, da er Ihnen doch anvertraut hat, was ihm lieb und teuer ist, und dies alles verlangt Ihre tagtägliche Fürsorge.

Darf ich Sie an meine Bitte erinnern? Würden Sie bitte von meinem Konto die jährliche Rente für meine Tante Goncerut abheben und ihr den Betrag überbringen lassen? Er ist das Zeichen meiner Dankbarkeit und meiner Zuneigung. Falls Ihr Gatte bald vorbeikommt, werde ich ihn bitten, diesen Auftrag zu erledigen. Ich möchte aber vermeiden, noch länger damit zu warten. Wenn Ihr Gatte ver-

hindert ist, nennen Sie mir doch eine Vertrauensperson. Meine gute Tante darf nicht mehr länger darauf warten.
Die Erde beginnt zu grünen, die Bäume schlagen aus, die Blumen entfalten sich. Wahrhaftig, schon hat es solche, die verblüht sind: Keinen Augenblick mehr des Zauderns und Zögerns, sonst verlieren wir wieder ein ganzes Jahr, und unsere Botanik hat das Nachsehen. Ich beginne deshalb ohne Umschweife.
Leider haben wir bis jetzt allzu theoretisch botanisiert, und meine Befürchtungen haben sich bewahrheitet. Was das Schlimmste ist: Wir haben es unterlassen, unsere Kenntnisse an bestimmten Objekten zu schulen und zu erweitern. Ich beklage diesen meinen Fehler. In diesem Zusammenhang denke ich an meine Beschreibung der Doldengewächse. Hätte ich doch gleich damit begonnen, Ihnen frische Exemplare zu zeigen! Wieviel Mühe und Arbeit wäre Ihnen erspart geblieben.
Und nun haben Sie sich mit einem imaginären Objekt herumschlagen müssen, und ich mit schwierigen Beschreibungen. Aber die große Entfernung zwischen Ihrem und meinem Wohnort verunmöglicht es, Sie im Garten, draußen in Feld und Wald herumzuführen und Sie zu unterrichten, was ich von Herzen gern tun würde. Wir werden uns also damit behelfen müssen, daß wir eine Pflanzenart auswählen und sie zu beschreiben versuchen, *genau das, was wir vor uns sehen.* Vielleicht werden wir uns auf diese Weise recht gut verstehen. Die größte Schwierigkeit liegt in der Tatsache, daß Sie ganz auf sich selbst gestellt jeweils die Pflanze

pflücken müssen. Denn es wäre sinnlos, Ihnen getrocknete Exemplare zu schicken.
Um Gestalt und Form einer Pflanze wirklich erfassen zu können, muß man sie unbedingt zuerst an ihrem Standort gesehen haben. Die Herbarien sind als Gedächtnisstützen sehr dienlich, also um schon Bekanntes wieder aufzufrischen; hat man aber die Pflanzen nie in frischem Zustand gesehen, sind sie nach meiner Meinung recht unnütz. Sie sehen, Liebe, es ist nun an Ihnen, mir jene Pflanzen zu schicken, die Sie kennenlernen möchten. Um eines aber bitte ich: Pflücken Sie sie selber! Nachher ist es an mir, sie zu bestimmen, zu benennen, einzuordnen und zu beschreiben. Ich werde dies solange tun, bis Sie durch diese vergleichende anschauliche Methode selber imstande sind einzuordnen, zu bestimmen, zu benennen. Diese Kenntnis, dieses Wissen unterscheidet einen echten Botaniker von einem simplen Kräuterkenner oder »Nomenklateur«.
Notwendig ist nun zu lernen, wie Pflanzen präpariert werden, wie man sie trocknet, wie man sie aufbewahrt, damit sie dennoch leicht zu erkennen sind. Kurz, ich mache Ihnen den Vorschlag, ein Herbar anzulegen. Welch große Aufgabe für unsere zukünftige kleine Botanikerin! Vorläufig aber müssen Ihre geschickten Hände ihre noch unbeholfenen kleinen ergänzen und unterstützen.
Bevor wir anfangen können, benötigen wir folgende Sachen: und zwar etwa 50 Bogen graues Papier, ebenso viel weißes, gutgeleimtes und nicht zu dünnes, genau von der gleichen Größe; ohne das letztere würden die Pflanzen verfaulen, auch blei-

chen die Blütenfarben weniger nach. Auf diese Weise bewahren die Pflanzen Form und Farbe besser, was doch viel angenehmer für das Auge ist. Wünschenswert wäre, wenn Sie sich eine Presse anschaffen würden in der Größe der Herbarbogen; falls Sie es vorziehen, nur zwei gleich große Holzbretter zu verwenden, müssen die Bogen mit den zu trocknenden, den zu pressenden Pflanzen dazwischengelegt werden, und auf das obere Brett legen Sie irgendwelche schweren Gegenstände, z.B. Steine, Briefbeschwerer usw. Nach diesen Vorbereitungen müssen Sie folgendermaßen vorgehen, damit die Pflanzen gut konserviert und kenntlich bleiben:

Für das Herbar ist es am günstigsten, wenn die Pflanze in voller Blüte steht, noch besser wenn schon einige verwelkt sind, so daß schon die Früchte sichtbar werden. Zu diesem Zeitpunkt sind alle fruchtbildenden Bestandteile gut wahrzunehmen. Pflanzen in diesem Stadium zu trocknen, zu herbarisieren, ist von großem Vorteil!

Kleine Pflanzen pflückt man ganz, also mit allem was dazu gehört, d.h. auch mit den Wurzeln. Diese werden mit einem Bürstchen gut gereinigt, damit keine Erdkrumen daran hängen bleiben. Natürlich kann man sie auch waschen. Da die Erde meistens noch etwas feucht und schwer ist, läßt man sie am besten etwas antrocknen, bevor man sie wegbürstet oder abspült. Die Pflanze selbst muß gut trocken sein, darauf muß man sehr sorgfältig achten, bevor sie zwischen die Papiere gelegt wird. Sie würde sonst unvermeidlich verfaulen, und diese Fäulnis würde sogar auf die

andern Herbarpflanzen übergreifen. Nur wenn die Wurzeln durch besondere Eigenschaften auffallen, müssen sie auch konserviert werden. Am häufigsten gibt es faserige und verästelte. In diesem Fall lohnt es sich kaum, sie auch aufzubewahren. Offenbar hat die Natur bei den Pflanzen nur jene Teile mit leuchtenden Farben und eleganten Formen ausgestattet, die unser Auge unmittelbar erfreuen. Den Wurzeln aber hat sie lediglich nützliche Funktionen zugewiesen, denn, versteckt in der Erde wie sie sind und ohne gefällige Gestalt, wäre das nicht Licht unter den Scheffel stellen?
Von den Bäumen und allen größeren Pflanzen nimmt man selbstverständlich nur Teilstücke. Wesentlich ist aber, solche auszuwählen, die die wichtigen Merkmale aufzeigen. Das ist der einzige Weg, eine Pflanze sicher erkennen und bestimmen zu können. Es genügt z.B. nicht, nur die Blüte mit den Fortpflanzungsorganen zu wählen. Das Charakteristische des *Blattwerks* und *dessen Verzweigung* muß gut sichtbar sein, und zwar ist es nötig, die Ansatzstellen von Blatt und Zweig zu sehen, vielleicht auch eine Knospe, ja sogar noch einen Stengelteil, wenn es irgendwie möglich ist. Liebe Freundin, Sie werden bald mit mir einig gehen: *Werden diese Punkte berücksichtigt, ist es sehr viel leichter, die einzelnen Arten zu unterscheiden, denn in vielen Fällen sind Blüte und Fruchtbildung vollkommen ähnlich.*
Sind die Zweige zu dick verholzt, muß man versuchen, ein Stück vom innern Teil geschickt wegzuschneiden, soviel wie möglich, ohne aber die Rinde zu verletzen. Besonders geduldige Botani-

ker lösen zuerst die Rinde eines Zweigs ab, um dann mit geübten Fingern den Holzteil zu entfernen; nachher fügen sie die Rinde wieder zusammen, genau so, als wäre noch der intakte Zweig da! Dieser Kunstgriff macht es möglich, den Umfang eines Herbars zu reduzieren; auch vermeidet man damit Buckel und Höcker, die es verunstalten würden, und dazu bleiben die Pflanzen sehr schön gepreßt. Bei Pflanzenarten, deren Blätter und Blüten sich nicht gleichzeitig entfalten, oder die örtlich zu weit voneinander entfernt sind, pflückt man am besten einen Zweig mit Blüten und einen mit Blättern. Beide werden auf denselben Bogen Papier gelegt, so daß mit einem Blick die verschiedenen Pflanzenteile erfaßt werden können. Wenn Sie eine unbekannte Pflanze finden, die schon Blätter entwickelt hat, aber noch keine Blüten, ist es klüger abzuwarten, bis sie unverhüllt ihr Gesicht zeigt. An den Blättern allein kann man keine erkennen, noch weniger als einen Menschen an seiner Kleidung!

Noch ein Hinweis, wie man beim Pflücken vorgehen sollte.

Sehr wichtig ist es, den richtigen Zeitpunkt zu wählen. Zum Beispiel halten sich Pflanzen überhaupt nicht, wenn sie nach dem morgendlichen Taufall, bei abendlicher Feuchtigkeit oder an einem Regentag gepflückt wurden. Unbedingt nötig ist also trockenes Wetter, ja sogar die trockenste Stunde des Tages, d.h. in unserer Gegend sommers zwischen elf Uhr morgens und fünf oder sechs Uhr abends. Stellt man dennoch die allermindeste Feuchtigkeit fest, läßt man die Pflanze

mit Vorteil noch stehen, denn sie würde unweigerlich verderben.
Achten Sie ja darauf, daß der Ort, wo all die Papiere fürs Herbar aufbewahrt werden, stets trocken ist. Wenn Sie nun Ihre »Beute« haben, beginnen sie mit der recht mühseligen Arbeit des Ordnens und Einlegens. Zuerst nehmen Sie zwei Bogen vom grauen Papier und einen Bogen weißes. Auf diesem richten Sie nun die Pflanze zurecht, mit größter Sorgfalt, damit alle wichtigen Organe, vor allem Blätter und Blüten, offen und natürlich ausgebreitet sind. Übrigens eignet sich eine etwas welke Pflanze besser dafür. Die besten Werkzeuge sind immer noch Finger und Daumen! Es gibt besonders widerspenstige Exemplare darunter; kaum hat man sie auf der einen Seite zurechtgebogen, zurechtgelegt, richten sie sich auf der andern wieder auf. Um diesem widrigen Umstand abzuhelfen, habe ich stets Bleisiegel, Briefbeschwerer, große und kleine Münzen zur Hand. Damit beschwere ich jene Teile der Pflanze, die ich schon zurechtgerückt habe, um nachher mühelos die andern in die richtige Stellung zu bringen. Häufig kommt es vor, daß die Pflanze mit all diesen verschiedenen Dingen beinahe zugedeckt ist. Dieses Mittel ist recht zweckmäßig: alles bleibt an Ort und Stelle, genau so, wie man es sich wünscht. Wie geht es weiter? fragen Sie mit Recht. Nun, Sie nehmen den zweiten weißen Bogen, legen ihn auf die Pflanze und mit der rechten Hand nehmen Sie alle Münzen, Bleisiegel etc. weg. Mit der linken Hand achten Sie darauf, damit die Pflanze nicht aus ihrer Stellung verrutscht. Nachdem legen Sie wieder einen grauen

Papierbogen darauf, dann einen weißen und jetzt beginnen Sie von vorne, pressen eine andere Pflanze auf genau die gleiche Weise usw. usw., bis die heimgebrachte Ernte vollständig geordnet und eingelegt ist. Nicht wahr, Liebe, Sie gehen mit mir einig, die Ernte darf nie umfangreich sein! Einerseits vermeidet man allzugroße Arbeit, andrerseits würden die Pflanzen während des Trocknens allzuviel Feuchtigkeit abgeben, die Papiere würden sich verziehen, und die ganze Prozedur wäre vergeblich gewesen und müßte noch einmal gemacht werden. Übrigens kann es vorkommen, daß entweder das graue oder das weiße Papier ausgewechselt werden muß, damit die Pflanzen wirklich gut trocknen und richtig liegen.
Der ganze Stoß von Pflanzen und Papieren wird nun gut gepreßt, da sonst das Ganze immer wieder auseinanderklaffen würde. Die Erfahrung wird Sie lehren, welche man besonders gut und welche man weniger pressen muß. Endlich sind die Pflanzen trocken, dann legen Sie sie fein säuberlich zwischen je ein gefaltetes Blatt Papier; ein Zwischenblatt ist nicht mehr nötig. Da hätten Sie also Ihr Herbar gut begonnen, das Sie nach Ihren Wünschen immer mehr erweitern können und zwar in dem Maße wie Ihre Pflanzenkenntnis, das dürfen Sie mir glauben, Liebe. Welch beglückende Vorstellung, Sie werden zu guter Letzt die gesamte Vegetation Ihrer Gegend überblicken! Noch etwas muß beachtet werden: Das Herbar sollte immer fest zusammengebunden sein, da sonst die Pflanzen wieder zu bocken anfangen, weil sie wieder Feuchtigkeit anziehen.

Wirklich, ich höre Sie seufzen »weshalb eine so mühselige Arbeit?« und ich antworte Ihnen: Weil Sie eine gute Botanikerin werden wollen und auch, damit wir uns gut verstehen, wenn wir über Pflanzen plaudern, nicht wahr?
Zukünftig sollten Sie immer zwei Exemplare von jeder Pflanze pflücken; das größere behalten Sie, das kleinere schicken Sie mir zu. Bitte vergessen Sie nicht, jede Pflanze sorgfältig zu numerieren, und zwar so, daß die Nummern beim großen und kleinen Exemplar übereinstimmen. Lassen Sie sie mir gelegentlich zukommen, wenn Sie ein oder zwei Dutzend herbarisiert haben, am besten wohl in einem kleinen Heft. Dann teile ich Ihnen die Namen der Pflanzen mit, lege jeweils eine Beschreibung dazu und mittels der Numerierung werden Sie die Pflanze in Ihrem Herbar wiedererkennen. Und wenn Sie spazieren gehen, werden Sie beglückt allen wieder begegnen, im Feld, im Wald, am Wegrand, am Bachufer, genau an jenem Ort, wo Sie begonnen haben, sie alle mit offenen Augen zu betrachten. Dieser Weg ist der sicherste, um gute und schnelle Fortschritte zu machen, auch ohne Lehrer in der Nähe. Schönen guten Tag, Liebe.

NB Ich habe vergessen zu bemerken, daß das gleiche Papier mehrmals gebraucht werden kann, nur muß es gut durchlüftet und trocken sein. Und noch etwas: Es ist nötig, das Herbar an einem sehr trokkenen Ort im Hause aufzubewahren, also besser im ersten Stock als im Erdgeschoß. Übrigens war es richtig, Ihnen die Nomenklatur von Linné vor-

zuschlagen. Eben wurde sie – wie ich es vorausgesehen habe – vom Direktor des Königlichen Botanischen Gartens in Paris gebilligt; in wenigen Jahren wird man keine andere in Frankreich anerkennen, und sie wird auch in allen andern europäischen Ländern akzeptiert sein.
Etwas viel Botanik, nicht? Erlassen Sie mir deshalb, auch noch auf Ihre Einwände die Obstbäume betreffend einzugehen. Ich weiß, Gärtner und Züchter sehen in den Sorten verschiedene Arten. Sie irren sich, indem sie auch die Eigenschaften des Holzes und der Blätter als Unterscheidungsmerkmal nehmen, anstatt nur die Frucht allein, Wäre dieser Standpunkt richtig, müßten sie eingestehen, daß Schwarze und Weiße, Blonde und Braune verschiedene Arten von Menschen sind, demzufolge ein jeder seinen eigenen Adam hat! Der Rest für ein anderes Mal. Guten Tag.

*Neunter Brief*
(ohne Datum)

*Da unsere Wohnorte so weit voneinander entfernt sind, sind Verspätungen zwischen Frage und Antwort unumgänglich, liebe Freundin. Niemand beklagt diesen Umstand so sehr wie ich. Ihren lebhaften Wunsch, bald selber die* Pflanzennamen von den vielen Bäumen, Sträuchern und Blumen herauszufinden, die Ihnen überall begegnen, verstehe ich nur allzu gut. Welche Methode ist die beste, um zu diesem Ziel zu gelangen? fragen Sie. Jene von Linné, könnte ich antworten, denn diese habe ich auch für mich gewählt. Da ich aber die Wißbegier meiner Freundin kenne, will ich versuchen, Ihnen vorerst meine Beweggründe zu erklären. Kurz, ich mache Ihnen eine Skizze, wenn auch nur eine sehr mangelhafte, eine Skizze von der Geschichte der Botanik, die einmal als Grundlage zu meiner Einführung vom geplanten »Wörterbuch für botanische Fachausdrücke« dienen soll, das Ihnen und mir von Nutzen sein wird.

Die Botanik wurde von Anfang an nur als Teilwissenschaft der Medizin behandelt, was ihr erstes Mißgeschick war. Demzufolge suchte man nur nach Pflanzen mit dieser oder jener vermutlichen Heilwirkung, vernachlässigte dadurch die Pflanzenkunde um ihrer selbst willen, die ja, um sie richtig zu betreiben, immer wieder neue, große und weite Reisen erforderlich macht. Wie könnte

man aber zugleich zu Hause im Labor Arbeiten erledigen, um die Wirkungen der heilsamen Pflanzensubstanzen auf den menschlichen Körper herauszufinden? Diese irrige Betrachtungsweise hat dazu geführt, das Botanikstudium sozusagen nur auf die Nutzpflanzen zu beschränken, was dazu führte, daß der langen und schönen Kette der pflanzlichen Vegetation die meisten Glieder fehlen. Die Heilpflanzen selber sind auch ungenügend untersucht worden, da nur die Wirkstoffe, nicht aber der pflanzliche Aufbau wichtig waren. Niemand suchte die Struktur der Pflanzenorgane zu verstehen. Nur eines hatte man im Sinn, nämlich Blätter und Blüten im Mörser zu zerreiben! Man suchte nicht Pflanzen, sondern Arzneien, man dachte nicht an die Pflanze selbst, sondern an ein Heilkraut. So weit so gut. Wohl ergab sich daraus eine recht gute Kenntnis von wirksamen Heilmitteln, hingegen nur eine sehr armselige Kunde der Pflanzen. Das ist alles, was ich sagen will.
Die Botanik als Wissenschaft wurde gering geachtet, ein solches Studium war nicht bekannt. Viele, die stolz auf ihre Kennerschaft waren, hatten keine Ahnung vom Aufbau pflanzlicher Organe. Vom Sehen her kannte man ein paar Kräuter aus der Umgebung, die mit recht zufälligen Namen bedacht wurden. Mit besonderer Vorliebe schrieb man ihnen die wunderbarsten Heilwirkungen zu, sie wurden zu Allheilmitteln, die genügt hätten, die ganze Menschheit unsterblich zu machen. Sie wurden als Balsam und Heilpflaster verkauft, aber die Pflanzen selber waren unwichtig. Wieder wurden andere entdeckt, denen man dieselbe Heilwir-

kung zuschrieb. Manchmal war es wirklich eine neue, die mit alten Tugenden ausgestattet wurde, manchmal war es aber auch nur eine altbekannte mit neuem Namen, was vollständig genügte, damit diese, aus andern Orten stammenden Scharlatane sich bereichern konnten. Damals hatte nämlich jede Gegend einen eigenen Vulgärnamen für die Heilpflanzen. Und diese Schlaumeier von Wunderdoktoren gebrauchten diesen aber höchstens im eigenen Dorf. Wenn sie aber andern Ortschaften ihren Besuch abstatteten, um die Bewohner mit ihren Rezepturen zu »beglücken«, wußte niemand, aus welchen Heilpflanzen die Arznei, diese Tinkturen und Tränklein gebraut worden waren und Namen wurden nach Gutdünken gegeben. So war es bestellt mit der Nomenklatur eines *Myrepsus*, einer *Hildegard*, eines *Suardus*, eines *Villanova* und sämtlichen doctores von dazumal. Es ist äußerst schwierig für einen Laien, in ihren Büchern auch nur eine Pflanze wiederzuerkennen; Beschreibungen und Namen sind verwirrend.

Die Zeit der Renaissance verdrängte diese Bücher, die durch jene aus der Antike ersetzt wurden. Nun ließ man keine andern Werke mehr gelten, außer jenen von *Aristoteles* und *Galenus*. Eines aber blieb sich gleich: Die Pflanzen wurden zuhause in den Büchern studiert, und zwar in den Werken von *Plinius* und *Dioscorides*, anstatt in die freie Natur zu gehen. Während dieser Epoche konnte es also vorkommen, daß eine Pflanzenart ganz einfach negiert wurde, nur deshalb, weil sie z.B. Dioscorides nicht beschrieben hatte. Als Arzt hatte dieser aber nicht nur Pflanzen beschrieben, sondern auch Arz-

neien verordnet. Wohl oder übel mußte man versuchen, diese Heilkräuter draußen in Feld und Wald zu finden, um sie nach den Angaben des Lehrers und Meisters anzuwenden. Und nun begann ein angestrengtes Suchen und Beobachten und Mutmaßen. Streitigkeiten und Behauptungen folgten. Da beharrte bald dieser, bald jener »seine Pflanze« entspräche der Beschreibung und der Heilwirkung des Dioscorides. Klar ist, daß sich Kräutersammler, Übersetzer und Kommentatoren selten einig waren. Die üble Folge davon: Dieselbe Pflanze hatte zwanzig verschiedene Namen, zwanzig verschiedene Pflanzen hatten denselben Namen! Sicher ist, daß jeder behauptete, seine Pflanze, sein Name seien richtig, seine Beschreibungen stimmten mit jenen des Dioscorides überein, was Grund genug sei, sämtliche andern Namen in globo zu verbieten und sie auszumerzen.
Nun, dieser Konflikt bewirkte Positives; man begann nämlich sorgfältiger zu forschen, gründlicher zu beobachten. Etwas aber behauptete sich, und zwar dieser Wirrwarr der Namen. Dieses totale Chaos beschwor unaufhörliche, wortklauberische Streitigkeiten herauf; leider gingen dabei gut fundierte Pflanzenbeschreibungen verloren.
Ganz allmählich bildeten sich doch echte Botaniker heran. Ich denke an die großen Meister *Clusius, Cordus, Cesalpin* und *Gessner.* Gute und lehrreiche Fachbücher wurden publiziert, die sogar eine gewisse Systematik erkennen lassen. Für den Laien sind sie leider nicht mehr zu gebrauchen wegen diesem unentwirrbaren Dickicht der Pflanzennamen.

Diese Autoren hatten damit begonnen, die Pflanzen nach Wuchs, Gestalt und Blütenform zu ordnen; sie versuchten also, sie in Gattungen und Arten zusammenzufassen. Daraus entstanden leider neue Schwierigkeiten, da natürlich jeder nach seiner Nomenklatur, nach seiner Methode die Gattungsnamen prägte. Es ist also nicht übertrieben, wenn ich Ihnen sage, daß jede Pflanze ebenso viele Namen hatte, wie es Beschreibungen von den verschiedenen Autoren gab. Eine Synonymen-Übersicht herzustellen wäre schwieriger gewesen, als sämtliche Pflanzen zu studieren.
Endlich erschienen grundlegende Arbeiten von zwei berühmten Brüdern, die bis und mit zu *Tournefort* mehr für die Botanik geleistet haben als alle ihre Vorgänger und Nachfahren. Beide waren Männer von seltenem Format. Durch ihr immenses Wissen und ihre hervorragende Leistung sind sie unsterblich. Solange die Botanik nicht zu einem vergessenen Teil der Naturwissenschaften wird, solange leben die Namen *Johannes* und *Kaspar Bauhin* im Gedächtnis der Menschen weiter. Beide Gelehrte beabsichtigten, ein jeder für sich, eine Universalgeschichte der Pflanzen zu schreiben. Und was uns, liebe Freundin, in diesem Zusammenhang besonders interessiert, sie fingen an, eine Synonymen-Liste aufzustellen, d.h. alle Namen aufzuschreiben und zusammenzustellen, die zu einer Pflanze gehörten, und sie berücksichtigten jeden bekannten frühern Botaniker. Diese Vorarbeit war unumgänglich, da ihre geplanten Werke sonst niemandem von Nutzen gewesen wären, da sich in diesem Gewirr von Benennungen

keiner mehr zurecht fand. Der ältere der Brüder, Johannes, hat sein Synonymen-Werk beinahe fertigstellen können: drei Folio-Bände, die nach seinem Tod gedruckt worden sind. Die Anmerkungen sind sehr gut, äußerst genau; er hat sich selten geirrt.
Das Projekt seines Bruders Kaspar war noch umfassender. Der erste Band, der in Buchform erschienen ist, gibt einen guten Eindruck davon. Leider war es ihm nicht vergönnt, seinen Plan auszuführen: Wir kennen nur die Überschriften der restlichen Teile. Diese finden wir in seinem Pinax, ein Kompendium, Frucht einer vierzigjährigen Arbeit – noch heutzutage das beste Nachschlagewerk für alle, die auf diesem Gebiet arbeiten und jene, die sich über alte Autoren informieren wollen.
Die Gebrüder Bauhin teilten Pflanzennamen in größere und kleinere Abschnitte ein, die meistens aus mehreren Worten bestanden, so daß ein Name eine ziemlich lange, nicht sehr klare Folge aus Wörtern war. Man kannte nichts Anderes und hatte sich daran gewöhnt. Diese Namen waren also nicht nur schwerfällig und verwirrend, sondern sie wirkten dazu noch lächerlich und pedantisch. Einerseits bedaure ich es, denn das Ganze hatte viel für sich, wären diese »botanischen Sätze« nur besser komponiert gewesen! Stellen Sie sich einmal vor, ein Name war aus folgendem zusammengesetzt: aus dem landläufigen Ortsnamen seiner Herkunft, aus dem Namen jener Person, die die Pflanze gefunden und zugeschickt hatte und zu guter Letzt noch aus den Namen ähnlicher Arten. Sie verstehen, gute Freundin, auf diese Weise wurden

die Namen selber eine Quelle neuer, verwickelter Schwierigkeiten und Unsicherheit. Die Kenntnis einer einzigen Pflanze erforderte zugleich, daß auch schon andere aus dem gleichen Bereich bekannt waren, auf die ja innerhalb des Namens hingewiesen wurde.

Indessen entdeckten Botaniker auf ihren langen Reisen neue Kostbarkeiten, und dadurch wurde die liebenswerteste aller Wissenschaften reich und reicher. Immer wieder mußten für die neuentdeckten Pflanzen auch Namen gefunden werden, obschon die alten das Gedächtnis schon schwer genug belasteten. Verirrt und verloren in diesem unübersehbaren Labyrinth, wurden die Gelehrten dazu gezwungen, nach dem Faden der Ariadne zu suchen, um sich herauszuarbeiten. Eine klarere Methode mußte gefunden werden!

Gelehrte wie *Herman, Rivin, Ray* machten Vorschläge. Doch die Methode des unsterblichen *Tournefort* siegte. Als erster ordnete er das Pflanzenreich nach systematischen Grundsätzen, erneuerte zum Teil die Nomenklatur von Kaspar Bauhin und fügte neuentdeckte Artnamen bei.

Leider blieben die langatmigen schwerfälligen Wortfolgen bestehen, ja, er war weit davon entfernt, sie abzuschaffen, denn seine Methode zwang ihn, die alte Manier beizubehalten. Deshalb wurde ein barbarischer Brauch zur guten Gewohnheit, d.h. neue Namen wurden mit alten verbunden mit diesem widersprüchlichen »qui quae quod«, was aus einer Pflanze oft zwei verschiedene Arten gemacht hat! Zum Beispiel:

»Dens leonis qui pilosella folio minus villoso: Do-

rio quae Jacobaea orientalis limonii folio: Titanokeratophyton quod Liophyton marinum albicans.«
Wie unverständlich und plump das alles war – diese häßlichen Wortfolgen, Satzperioden! Um zu beweisen, daß ich wirklich nicht übertreibe, will ich nur eine davon zitieren:
»Gramen myloicophorum carolinianum, seu gramen altissimum panicula maxima speciosa, è spicis myjoribus compressiusculis utrinque pinnatis blattam molendariam quodam modo referentibus, composita, foliis concolutis mucronatis pungentibus.« Almac 137.
Hätte man diese Praktiken nicht aufgegeben, wäre dies das Ende unserer Botanik gewesen, nicht wahr? Unerträglich war dieser Zustand geworden. Eine Erneuerung war lebensnotwendig, ohne sie wäre der schönste, reichste und zugänglichste Teil der drei Naturwissenschaften unrettbar verloren gegangen.
*Linné*, der große Botaniker, schon hochberühmt durch seine Pflanzensystematik, die nach sexuellen Merkmalen aufgebaut ist, plante endlich eine generelle Neugestaltung der Nomenklatur, die für alle botanisch Interessierten ein Bedürfnis war. Niemand hatte bis jetzt den Mut gehabt, an diese Riesenaufgabe heranzugehen. Der große Schwede aber plante nicht nur, sondern er verwirklichte. In seiner »Critica Botanica« umschrieb er die Richtlinien, die maßgebend für dieses Werk sein sollten. In »Genera plantarum« ordnete er die Pflanzen in Gattungen und in »Species Plantarum« in Arten.
Er beschrieb also auch die einzelnen Arten. Dabei

verwendete er auch alte Namen, die sich in seine Methode einfügten, andere arbeitete er um. Auf solche Weise entstand schließlich eine durchsichtig aufgebaute Nomenklatur, die auf seinen, Linnés klaren und verständlichen Begriffen, ruhte. Als überlegener Wissenschafter übernahm er alle früher beschriebenen Gattungen, die von Natur aus eine Beziehung zueinander hatten. Er korrigierte, vereinfachte, vereinigte oder teilte auf, wenn wesentliche Abweichungen es erforderten. Vielleicht befolgte er manchmal etwas zu pedantisch seine eigenen Richtlinien, wenn er gezwungen war, neue Namen zu finden.
Auch bei Linnés Beschreibung der Arten war es offenbar nicht zu vermeiden, mehrere Wörter zu brauchen. Er aber begnügte sich mit wenigen, gut gewählten Fachausdrücken. Nur klare und kurze »termini« ließ er gelten, die jeweils das Wichtigste über die Eigenart der Pflanze aussagten; alles Wesensfremde schloß er aus. Liebe Freundin, Sie verstehen sofort, daß es nötig war, sozusagen eine neue botanische Sprache zu prägen, die auf jene plumpen und langatmigen Wortfolgen verzichtete. Es ist klar, daß dem Autor vieles vorgeworfen wurde, u.a. nicht alle seine Ausdrücke fänden sich bei Cicero! Hätte dieser eine komplette Abhandlung über Botanik geschrieben, wäre der Vorwurf einigermaßen berechtigt gewesen. Die Linnéschen termini stammen alle aus dem Griechischen oder Lateinischen; sie sind kurz, prägnant, ausdrucksvoll und wohllautend, und dazu wirken sie durch äußerste Präzision fein und elegant.
Beim täglichen Gebrauch dieser neuen Fachspra-

che nimmt man bald alle ihre Vorteile wahr: Sie ist leicht anzuwenden, kurz, man kann kaum mehr auf sie verzichten. Wie für den Geometer die algebraischen Zeichen, ist sie für den Botaniker notwendig geworden.
Die meisten aller bekannten Pflanzenarten sind von Linné beschrieben und bestimmt worden. Viele waren noch ohne Namen – (eine Pflanze bestimmen heißt ja nicht, sie gleichzeitig auch benennen!) – eine Wortabfolge ist ja noch kein Name und viel zu unbequem. Um diesen Mangel zu berichtigen, behalf er sich mit Ausdrücken aus der Alltagssprache, die er den Artnamen beifügte, so daß sie ohne Mühe gut unterschieden werden konnten. Diesem Umstand verdanken wir es, daß heutzutage ein Pflanzenname nie mehr als aus *zwei Wörtern* besteht. Richtig ausgewählt und angewendet charakterisieren sie eine Pflanze viel besser, als die schwerfälligen Beschreibungen eines *Michelli* oder eines *Plukenet.* Zweifellos benötigt man immer noch sehr genaue Beschreibungen, um eine Pflanzenart mit Sicherheit bestimmen zu können. Will man sie hingegen nur benennen, ist man nicht mehr gezwungen, unzählige Wörter herunterzuleiern. Wie war das doch langweilig, lächerlich und bemühend, wenn z.B. eines dieser oberflächlichen Frauenzimmer oder Mannsbilder nach dem Namen eines Grases oder einer Gartenblume fragte, und man war wohl oder übel gezwungen, einen ellenlangen lateinischen Wortschwall auszuspucken, als wär's eine magische Beschwörungsformel! Grund genug, solche Personen von der reizvollsten Wissenschaft abzu-

schrecken, die sich hinter bombastischer Pedanterie versteckte!
So notwendig und dringend die Neugestaltung auch war, nur ein Naturforscher vom Format Linnés vermochte sie mit Erfolg durchzusetzen.
Sein weltweiter Ruhm verhalf seinem System zu universeller Anerkennung. Dennoch wurde es nicht ohne weiteres angenommen. Wie könnte es auch anders sein! Fakultätskollegen hüteten sich, das Linné'sche System zu akzeptieren. Hätten sie damit nicht ihre Minderwertigkeit eingestanden? Nomenklatur und System scheinen so sehr verbunden, daß es einem nicht einfiel, sie getrennt zu sehen. Einflußreiche Botaniker waren zu stolz, das System eines andern anzunehmen und zu verwenden. Nur ihr eigenes galt. Sie waren nicht bereit, ihren Ehrgeiz zu opfern aus Liebe für den Fortschritt einer Wissenschaft, die sie selber dozierten. In solchen Fällen ist Liebe ja selten uneigennützig.
Ein fremdländisches System hat noch mehr Hindernisse zu überwinden, nämlich die Eifersüchteleien zwischen den Völkern, kurz den allgegenwärtigen Nationalstolz. Man fühlt sich ja den Großen des Landes immerhin verpflichtet, besonders dann, wenn sie schon gestorben sind. Die gleiche verletzte Eitelkeit, die während ihrer Lebzeit so stechend schmerzte, gefällt sich, nach dem Tod der Großen, deren Lorbeerkranz um das eigene Haupt zu legen!
Trotz all diesen Hindernissen bewährte sich die neue Nomenklatur beim täglichen Gebrauch, und sie konnte sich aus diesem Grund durchsetzen, ge-

rade weil sie so klar und verständlich war. Früher oder später wurde sie in fast ganz Europa akzeptiert, schließlich sogar in Paris. Vor kurzem hat Herr von Jussieu angeordnet, daß die Linné'sche Nomenklatur auch im Botanischen Garten des Pariser Naturhistorischen Museums zu gebrauchen sei. Er gab also der allgemeinbekannten Zweckmäßigkeit eines Systems den Vorzug, obschon ihm die Neubearbeitung der »Natürlichen Familien« seines hochberühmten Onkels viel Ehre eingebracht hätte!
Es ist klar, daß auch das Linné'sche System Mängel aufweist, auf die jeder Kritiker mit dem Zeigefinger hinweist. Aber bis uns ein besseres vorgelegt wird, dem wirklich nichts mangelt, ist es hundertmal klüger, mit diesem zu arbeiten, anstatt mit gar keinem, oder wieder mit diesen Bandwurmbeschreibungen eines Tournefort oder Kaspar Bauhin, nicht wahr? Ich kann mir sogar nur mit Mühe vorstellen, daß eine andere, vielleicht sogar bessere Nomenklatur Erfolg haben könnte, die die Linné'sche ablösen würde. Der größte Teil der europäischen Botaniker hat sich nun daran gewöhnt, und wie man weiß, fällt es uns Menschen nie leicht, einer bequemen Gewohnheit zu entsagen, ja es ist sogar schwieriger als Neues und Vielversprechendes anzunehmen. Wieviele Hindernisse müßte eine solche Neuerung überwinden! Sie müßte den Einfluß von Linné verdrängen; der Autor müßte eine bekannte Persönlichkeit auf diesem Gebiet sein, da sich Europa sonst nicht ein zweites Mal beugen würde. Wie mir scheint, ist es eine Illusion, sich solches auszudenken. Wäre

nämlich dieses System ohne Makel, würde aber nur von einer einzigen Nation angenommen, würde die Botanik sich nicht in einem neuen Labyrinth verirren? Was mehr Schaden als Nutzen brächte. Das Linné'sche Werk umfaßt vieles, ist aber dennoch nicht vollständig, weil nicht alle Pflanzenarten aufgeführt werden. Wie früher ist man also immer noch gezwungen, bei gewissen Fragen eine Konkordanz zu benützen. In diesem Sinn sind wir dem Wissenschafter *Crantz* verpflichtet, der, obwohl er Linné haßte, doch wenigstens seine Nomenklatur anwandte. Auch *Albrecht von Haller*, der eine ausgezeichnete und ausführliche Arbeit über die Alpenpflanzen schrieb, geht leider nicht in Linnés Fußstapfen. Der Engländer *Adanson* macht es noch schlimmer, er verwendet ganz andere Namen und gibt nicht einmal Auskunft darüber, wie sie sich zur Linné-schen verhalten. Haller zitiert wenigstens die Linné'schen Gattungen und manchmal sogar die Arten. Adanson hingegen tut weder das eine noch das andere.

Man muß also zwischen Linné und Herrn Adanson wählen und des einen oder des andern Bücher ins Feuer werfen. Oder man beginnt mit der sehr schwierigen Arbeit und versucht die beiden Systeme in Übereinstimmung zu bringen, was wirklich nicht leicht wäre, da die beiden gar keine Beziehung zueinander haben.

Zu guter Letzt muß ich noch darauf hinweisen, daß die Linné'sche Synonymen-Übersicht nicht vollständig ist. Wenn es sich um altbekannte Pflanzen handelt, zitiert er Bauhin und Clusius. Neben jeder

Pflanze steht eine Zeichnung. Bei neuentdeckten, exotischen Arten nennt er die Bezeichnungen von *Rheedi* und *Rumphius*, auch noch ein paar andere. Offensichtlich war er der Meinung, daß sein Kompendium vorläufig nicht erweitert zu werden brauchte. Seinen Pflanzenbeschreibungen kann man volles Vertrauen schenken, das genügt.

Liebe Freundin, so sieht es also heutzutage aus. Hoffentlich habe ich Sie mit meinen Ausführungen nicht allzusehr gelangweilt. Doch nehme ich an, daß Sie mit mir einig gehen: ohne Nomenklatur keine Pflanzenkunde! Oder ist es etwa möglich, eine Fremdsprache zu lernen, ohne ihre Wörter zu kennen? Die meisten Pflanzennamen sind willkürlich, das gebe ich ohne Umschweife zu. Und ich kann mir leicht einen intelligenten Menschen vorstellen, der sich in der Botanik gut auskennt, ohne indes sich um Pflanzennamen zu kümmern. Und doch würde man ein nur sehr mittelmäßiger Pflanzenkundiger so ganz ohne Bücher und andere Hilfsmittel. Wäre es nicht absurd und lächerlich zu behaupten, botanische Bücher seien überflüssig?

Dann wären mehr als drei Jahrhunderte botanischer Studien und Beobachtungen vergeblich gewesen, und mehr als dreihundert wunderbar illustrierte Bücher müßten gleichsam vernichtet werden. Und die mühevoll erworbenen Erkenntnisse, niedergeschrieben von vielen Gelehrten, die nicht nur ihr Leben und ihren Schlaf geopfert, sondern auch ihr Geld auf gefahrvollen Reisen eingesetzt haben, alles zwecklos für die Nachfahren? Es ist einfach nicht erlaubt, immer wieder beim Null-

punkt zu beginnen, um zu denselben Resultaten zu gelangen, die von einer langen Reihe von Forschern in früheren Jahrhunderten schon erworben worden sind. Wir dürfen dies nicht dulden. Die Botanik ist die reizvollste, die liebenswerteste unter den drei Naturwissenschaften, sie verdient Beachtung von allen Wißbegierigen. Aber, es gibt nun einmal keinen andern Weg, Fachausdrücke müssen erlernt werden und auch die Bezeichnung der einzelnen Pflanzenorgane. Wie absurd das wäre, das Botanikstudium anerkennen und dessen Fachsprache verwerfen!
Teure Freundin, ich befürchte, mein Brief hat Sie nicht nur ermüdet, sondern auch noch gelangweilt. Gehen Sie, erholen Sie sich im Garten, draußen bei der Rosa eglantéria und grüßen Sie sie zärtlich von mir.

## *Zehnter Brief*
## (ohne Datum)

*Sie können sich kaum vorstellen, wie unangenehm es für mich ist, Sie, liebe Freundin, mit neuen Verzögerungen zu quälen. Ich habe es mir gründlich überlegt, aber es ist unumgänglich, Ihnen den Linné'schen Be-*griff der Blüte klar darzulegen, da ja sein System auf diesem wesentlichen Pflanzenbestandteil basiert. Auch kann ich nicht vermeiden, schon Gesagtes zu wiederholen, sozusagen ex professo. Seinerzeit wünschten Sie sich ja, aufs Beste unterrichtet zu werden; Sie werden mir also meine Wiederholungen großzügig verzeihen. Nachher bleiben keine Fragen mehr offen, alle Lücken sind geschlossen, alle Begriffe sind klar und deutlich. findungen hin, die diese beiden Wörter in mir *Blume! – Blüte!* – Gäbe ich mich den schönen Emphervorrufen, könnte ich vielleicht etwas Gefälliges schreiben, gerade recht für das Gemüt eines Hirtenknaben, doch recht schlecht geeignet für Botaniker!

Vergessen wir also für einen Augenblick die leuchtenden Farben, die lieblichen Düfte, die eleganten Formen! Wir wollen versuchen dem Wesen der Blüte näher zu kommen. Nichts ist leichter als das – meint man. Wer hat es schon nötig, sich darüber belehren zu lassen, was eine Blüte ist? Es wird gesagt, man habe einmal den Heiligen Augustin darum gebeten zu sagen, was das eigentlich sei, die

Zeit. Darauf habe er geantwortet: »Fragt man mich nicht, dann weiß ich es genau; ich weiß es aber nicht mehr, wenn man mich danach fragt!« – Ähnliches könnte man bei der Blüte antworten, ja sogar beim Schönen, das ebensosehr Beute der flüchtigen Zeit, der Vergänglichkeit ist.
Bis zum heutigen Tag sind alle Versuche, die Blüte zu definieren, gescheitert. Die berühmtesten, darunter ein Linné, ein Haller, ein Adanson, haben es unterlassen. Linné, der Größte, hat in seiner botanischen Philosophie Definitionen von Jungius, Ray, Tournefort, Pontedera und Ludwig aufgenommen, ohne indessen eine davon vorzuziehen oder vorzuschlagen. Pontedera, auch er hat gut gewußt, wie schwierig eine Definition der Blüte ist, und dennoch hat er es gewagt. Mit welchem Erfolg, werden Sie selber beurteilen können. Mich lockt es nun auch, zu versuchen, diese Schwierigkeit zu überwinden, obwohl es mir wahrscheinlich auch nicht gelingen wird.
Also, stellen Sie sich vor, man bringt mir eine Rose und sagt: Hier ist eine Blüte, eine Blume! Es stimmt, man zeigt mir wirklich eine Blüte, das bestreite ich nicht. Doch mit dem Finger darauf zeigen, heißt noch nicht definieren. Diese Art und Weise des Sehens genügt nicht. Sie führt uns nicht zum Ziel, um bei einer andern Pflanze beurteilen zu können, ob es eine Blüte ist oder nicht. Gibt es doch unzählige Kräuter, deren Blüte farblos und unauffällig ist. Bei Ray, Tournefort und Jungius wird aber gerade die Farbe als das Wesentliche einer Blüte erachtet. Und doch besitzen diese Kräuter eben auch ganz richtige, echte Blüten,

CŒROLLES.

genau wie der blühende Rosenstrauch, der unser Auge entzückt.

Die Gewohnheit verleitet uns also dazu, den farbigen Teil einer Pflanze als Blüte zu bezeichnen. Wie leicht täuscht man sich! Es gibt *Tragblätter* oder *Vorblätter*, andere Pflanzenteile auch noch, die oft farbiger sind als die Blütenkrone, z.B. beim Acker-Wachtelweizen, beim Drachenmaul, bei einigen Arten vom Gänsefuß und beim Fuchsschwanz. Unzählige Blüten haben keine Kronblätter, oder sie sind so farblos und unscheinbar, daß sie nur mit größter Anstrengung gefunden werden können. Denken Sie z.B. an das blühende Korn im Sommer! Sehen Sie farbige Kronblätter? Und wenn die Gräser blühen? Und bei den Kätzchen des Walnußbaumes, bei den Kätzchen der Rotbuche, bei der Eiche, der Erle, dem Haselstrauch, kann man sie sehen? Groß ist die Zahl der Bäume, Sträucher, Stauden und Kräuter, deren Blüten nur aus Staubfäden bestehen, und dennoch sind es richtige Blüten, auch sie haben echte Blumen. Die Kronblätter sind also auch nicht das Wesentliche an einer Blüte.

Es liegt auch nicht in einem andern Organ, denn es gibt keines, das nicht bei irgendeiner Art fehlen könnte. Wie Sie wissen, fehlt z.B. der Kelch bei den Liliengewächsen. Und niemand käme auf die absurde Idee, zu behaupten, die Tulpe oder die Lilie seien keine Blumen, hätten keine Blüten!

Nehmen wir einmal an, einzelne Blütenbestandteile seien wichtiger als die andern, dann auf alle Fälle Stempel und Staubblätter. Und doch kennt man Pflanzenarten, z.B. bei den Kürbisgewächsen, wo die einen Blüten haben ohne Stempel und die andern solche ohne Staubblätter. Trotz dieses Mangels sind es echte Blüten. Das Wesentliche liegt nicht in irgendeinem einzelnen Teil der Blüte, noch in allen zusammen; wo aber, so fragen wir, müssen wir es suchen? Das ist die Frage und noch dazu eine schwierige! Pontedera versuchte sich mit der folgenden Antwort aus der Schlinge zu ziehen:

Die Blüte, so schreibt er, unterscheidet sich von allen andern Pflanzenteilen durch ihre Beschaffenheit und ihre Gestalt. Wenn Griffel und Narbe vorhanden sind, so sind sie immer mit dem Fruchtknoten verwachsen und diesem nützlich, fehlen sie, fehlt auch das Ovar, und die Blütenkronblätter sind nicht damit verwachsen.

Mir scheint, diese Definition kranke an einem Zuviel der Aussage. Wenn der Stempel fehlt, hat die Blüte nämlich keine andern Unterscheidungsmerkmale mehr, womit sie sich von andern Pflanzenteilen durch Beschaffenheit und Gestalt abhebt. Demzufolge könnte man sogar Trag- und Nebenblätter, Nektarium und Stacheln, kurzerhand alles, was weder Laubblatt noch Zweig ist, als Blüte bezeichnen. Und wenn die welke Krone abfällt, und die Samen zu reifen beginnen, könnte sogar der Kelch, oder der Achsenbecher als Blüte definiert werden, obschon faktisch keine Blüte mehr zu sehen ist.

Ist man also mit der Pontedera'schen Definition omni, im Ganzen, einverstanden, überzeugt doch sie nicht soli, im einzelnen. Dadurch fehlen ihr die wichtigsten Voraussetzungen. Sie ist unbefriedi-

gend, weil sie eine Lücke offen läßt. Der allergrößte Mangel, der einer Definition anhaften kann. Nach Pontedera ist die Blüte also nur dann nützlich, wenn sie mit dem Ovar verwachsen ist und unnütz, wenn sie nicht mit ihm verwachsen ist.
Dieser Darstellung wird sich ein Botaniker schwerlich anschließen, da die Funktionen der verschiedenen Pflanzenorgane nicht klar umrissen sind.
Ich glaube eher, daß die Blüte bis jetzt zu absolut als ein für sich selbst stehendes Wesen betrachtet worden ist, anstatt bedingt, als Glied in einer Kette. Man hat sich an gewisse Vorstellungen geklammert und dabei die natürlichen Gegebenheiten übersehen.
Die Blüte scheint mir ein ephemerer Zustand der fruchtbildenden Teile zu sein, während den Bestäubungs- und Befruchtungsvorgängen.
Welche Folgerungen kann man daraus ziehen? – Wenn die fruchtbildenden Teile, also der Fruchtknoten mit Griffel und Narbe und die Staubgefäße, in einer Blüte vereinigt sind, ist sie zweigeschlechtlich oder zwittrig. Sind Stempel und Staubblätter, also die beiden wesentlichen unerläßlichen Teile, getrennt, gibt es zwei verschiedene Blüten, die zur Fruchtbildung notwendig sind, die eine ist in diesem Fall männlich, die andere weiblich.
Mittel und Zweck der Blüte ist also die Fruchtbildung, die Fortpflanzung. Wenn sie zwittrig ist, genügt eine einzige. Ist die eine nur männlich oder nur weiblich, gibt es zwei verschiedene Blüten, nämlich eine von jedem Geschlecht. Würde man

FLEURS COMPOSÉES.

P.p. P. J. Redouté. Imp. p. Michel fils. Bessin sc.

noch andere Teile zur Blüte rechnen, ich denke an Krone oder Kelch, muß man sich klar darüber sein, daß beide nicht unbedingt vorhanden sein müssen. (Es gibt Blüten ohne Kelch, oder ohne Krone, es kommt sogar vor, daß beide fehlen!) Aber es gibt keine Blüte, und es wird sie nie geben, die weder Stempel noch Staubblatt hat!
Ich schlage diese Definition vor: *Die Blüte ist ein örtlich festgelegter, vergänglicher Bestandteil einer Pflanze. Sie bereitet die Befruchtung vor, welche in ihr oder durch sie stattfindet.*
Nun, ich möchte vermeiden, noch lange darüber zu reden und meine Wortwahl zu rechtfertigen. Nur noch eines, nämlich das Wort *vorbereiten*, scheint mir wesentlich zu sein. Und zwar habe ich oft beobachtet, daß sich die Krone öffnet und entfaltet, bevor die Staubgefäße reif sind und den Pollen ausschütten. Es läßt sich nicht bestreiten, daß sich die Blüte vor dem Befruchtungsvorgang entwickelt hat. Und noch zu »die Befruchtung findet in ihr und durch sie statt«: Bei den männlichen Blüten der einhäusigen und der zweihäusigen Pflanzen findet sie nicht statt. Nichtsdestoweniger darf man auch diese als echte Blüte bezeichnen.
Mir scheint, die Blüte sei auf diese Weise am exaktesten umschrieben. Es wird schwerhalten, einen stichhaltigen Einwand dagegen zu machen, was bei früheren Beschreibungen nicht der Fall war.
Da die Blumenkrone meistens durch die leuchtenden Farben auffälliger ist als die andern Teile der Pflanze, war es recht naheliegend, hier das We-

sentliche zu vermuten und zu suchen. Auch Botaniker ließen sich vom schönen Schein verführen, und sie redeten von einer Blüte, wenn sie Kronblätter meinten. Immerhin, allzuernst darf man falsch angewandte Ausdrücke nicht nehmen. Am wichtigsten ist die richtige Anschauung! In wie vielen Lehrbüchern wird von Lippen- und Maskenblüten, von regel- und unregelmäßigen Blüten usw. gesprochen – es sind dies verständliche, verzeihliche Ungenauigkeiten. Stellen Sie sich vor, noch Tournefort und seinen Zeitgenossen war der Begriff der Krone (corolla) unbekannt. Begreiflicherweise braucht man immer noch den Ausdruck Blüte, wenn man Krone meint und, gestehen wir es, ohne großen Nachteil. Und doch konnte ich es nicht lassen, Sie, meine liebe Naturforscherin, auf diese Ungenauigkeit aufmerksam zu machen. Dies ist der Grund, weshalb ich den Ausdruck Krone (corolla) in mein Wörterbuch aufnehme und die verschiedenen Formen beschreibe.

Darf ich einmal mehr, liebe Freundin, Sie um Ihre geduldige Aufmerksamkeit bitten? So mühevoll es ist, es ist nicht zu umgehen, ich muß versuchen, Ihnen doch noch den Begriff *einfache Blüte* und *zusammengesetzte Blüte* darzulegen, weil Sie unbedingt verstehen müssen, daß man nie von einer zusammengesetzten *Krone* (corolla), sondern nur von zusammengesetzten *Blüten* sprechen darf, was Sie ohne weiteres einsehen, sobald Sie meine Erläuterungen über die einzelnen Organe der *einfachen Blüte* gelesen haben.

Man spricht von vollständigen und unvollständigen Blüten. Die erstere, die vollständige, besitzt alle zur Samenbildung gehörenden Teile, nämlich Fruchtknoten, Griffel, Narbe und Staubblätter und die eher beiläufigen Kelch und Krone.

Es versteht sich von selbst, daß die einfache Blüte als unvollständig bezeichnet wird, wenn eines von diesen Organen fehlt, sei es Kelch oder Krone, oder sogar der weibliche Fruchtknoten oder die männlichen Staubblätter. Im letzteren Fall können auf ein und demselben Pflanzenindividuum männliche und weibliche Blüten entwickelt sein (z.B. bei unserer Haselnuß) – oder es gibt männliche und weibliche Pflanzen, was Sie gut bei den Weiden beobachten können.

Diese Tatsachen führten dazu, von zwittrigen, männlichen und weiblichen Blüten zu sprechen. Die beiden letzteren betrachtet man immer als unvollständig. Eine zwittrige Blüte ist hingegen immer eine vollkommene – sie weist beide Befruchtungsorgane auf – als unvollständig wird sie erst dann bezeichnet, wenn ihr z. B. Kelch oder Krone fehlen. Wenn Sie, liebe Freundin, eine Hagrose oder eine Prachtnelke anschauen, sehen Sie auf den ersten Blick, daß es sich hier bei beiden Blumen um vollkommene und vollständige handeln muß; alle wichtigen Blütenorgane sind vorhanden. Hingegen fehlt der Kelch bei der Tulpe und bei der Lilie; beide sind unvollständig, aber vollkommen, weil Stempel und Staubblätter da sind.

Nicht wahr, liebe Freundin, Sie seufzen? Doch da ich Sie und Ihre »grüne Passion« gut kenne, will ich weiterfahren; das folgende ist gewissermaßen ein Nachtrag zu meinem Brief über die Kompositen.

Eine Blüte, aus der eine einzige Frucht entsteht,

ist also eine einfache; entstehen aber mehrere Früchte, handelt es sich um eine zusammengesetzte. Blumen mit nur einer Krone können also nie viele Früchte entwickeln. Wir folgern daraus, daß eine zusammengesetzte Blume nicht nur mehrere Kronblätter, sondern mehrere Blütenkronen hat und auch mehrere Fruchtknoten, die alle auf derselben Scheibe sitzen.

Ich wähle als Beispiel die Gänsedistel – (sie kommt sehr häufig in Gärten und an Wegrändern vor). Beim Anblick der vielen kleinen gelben Blütenköpfchen, frage ich mich natürlich sofort: Ist es eine zusammengesetzte Blume? Ich nehme nun ein Blütenköpfchen, untersuche ein einzelnes Blütchen und stelle fest, daß ein Krönchen, ein Stempel, Staubblätter, Fruchtknoten vorhanden sind; der letztere ist mit der Scheibe oder dem Diskus verwachsen, eingehüllt von einem Hüllkelch. Ich kann also daraus schließen, daß die Gänsedistel eine zusammengesetzte Blume ist und zu den Kompositen gehört.

Und nun pflücke ich eine blaue Skabiose (das Tauben-Krätzkraut, häufig auf trockenen Wiesen). Auf den ersten Blick unterscheide ich mehrere Blütchen, ein blaues Blütenköpfchen! Beim Untersuchen merke ich bald, daß ein einzelnes Blütchen mit allen Bestandteilen versehen ist, also auch mit einem Kelch, der den Fruchtknoten umschließt. Deshalb kann die Skabiose keine Komposite sein, obschon sie Ähnlichkeiten mit dieser Familie hat. Solches gibt zweifellos zu Streitigkeiten Anlaß. Ich will Ihnen nun ein Merkmal verraten, das nur den Kompositen oder Körbchenblütlern eigen ist: *Im*

*Trichter oder röhrigen Krönchen befinden sich immer fünf Staubblätter, deren Beutel (Antheren) ringförmig um den Griffel aneinander kleben, die Staubfäden (Filamente) sind an der Basis frei.*
Ein Blütenköpfchen, dessen einzelne Blüte keines dieser Merkmale hat, gehört demnach in eine andere Familie. In diesem Fall handelt es sich um eine Häufung von einfachen Blüten.
Wie ich Ihnen schon in meinem ersten Brief gesagt habe, gibt es bei den Kompositen zwei verschiedene Blütchenformen; die regelmäßigen heißen *Röhrenblütchen*, die andern sind einseitig aufgeschlitzt und gleichen einer Zunge und sitzen meistens am Blütenrand, man nennt sie *Zungen-* oder *Randblütchen*, hin und wieder *Strahlenblütchen.*
Die Natur hat drei verschiedenartige Köpfchen oder Körbchen ausgebildet, nämlich solche, die nur Röhrenblütchen, solche, die nur Zungenblütchen haben, und die dritte Gruppe weist beide Formen auf.
Die Röhrenblütigen teilen sich in zwei Untergruppen: die einen haben ein rundes Köpfchen, einen halbkugeligen Kelch, z.B. die Disteln, die Artischocke, die Fußangel-Flockenblume; die andern sind flachköpfig, ich nenne Santolina oder Heiligenkraut und den Wasserdost.
Zu den zungenblütigen Kompositen gehören Wiesenbocksbart, Schwarzwurzel, Pfaffenröhrlein und die blaue Wegwarte.
Hat eine Komposite beide Blütchenformen, ordnen sie sich immer nach dem gleichen Grundmuster: in der Mitte Röhrenblütchen, außen Zungen- oder Strahlenblütchen. Als Beispiele, sicher

kennen Sie die meisten unter ihnen, zähle ich auf die große Wucherblume, alle Astern, die Ringelblume, alle Kreuz- oder Greiskräuter, Arnika und Gemswurz.
Noch ein Wort zu den sogenannten gefüllten Blumen. Man ist geneigt anzunehmen, daß es sich hier um einen Gegensatz zur einfachen handelt. Gewissermaßen stimmt es, nur sind diese Gefüllten eine unnatürliche Erscheinung. Hier vervielfacht sich nämlich ein Bestandteil, und zwar auf Kosten der Fortpflanzungsorgane. Dieses Phänomen beobachtet man am häufigsten bei Kronblättern, z.B. bei Nelken, Anemonen und dem Hahnenfuß, hin und wieder bei Glockenblumen, Primeln und Aurikeln. Wenn die Fortpflanzungsorgane nicht erstickt werden, spricht man meistens von einer doppelten Blüte; wenn sie aber verdrängt werden, spricht man von einer gefüllten Blüte. Liebe Freundin, Sie merken sofort, die doppelte Krone ist noch natürlich, die gefüllte aber nicht mehr, sie ist, wenn man alles richtig bedenkt, im eigentlichsten Sinn monströs.

Es kann auch vorkommen, daß sich die Kelchblätter verdoppeln. Als Beispiel nenne ich die Strohblume, die zu den Kompositen gehört. Auf den ersten Blick glaubt man, sie hätte lauter Zungenblüten. Beim nähern Hinsehen entdeckt man, daß sie, genau wie die Silberdistel, nur Röhrenblüten hat. Der dachziegelige Kelch täuscht nämlich mit seinen strahlenden, meist roten Hüllblättchen Zungenblütchen vor. Kennt man aber nur einigermaßen den Aufbau einer Blüte, läßt man sich

nicht lange durch diesen trügerischen Schein beirren.
Und hier noch die wesentlichen Unterschiede zwischen einer zungenblütigen Komposite und einer gefüllten Blume. Eine Zungenblüte ist mit beiden Fortpflanzungsorganen ausgestattet, die bei der gefüllten Blume meistens ganz fehlen. Wenn Sie z.B. beim gefüllten Hahnenfuß noch so beharrlich nach Fruchtknoten und Staubblätter suchen, nie werden Sie etwas anderes finden als ein bloßes Kronblatt! Untersuchen Sie aber den Löwenzahn, dann stellen Sie fest, daß jedes Blütchen alle fruchtbildenden Organe besitzt. Jedes Blütchen im Körbchen ist eine echte einfache Blüte, eine richtige Blume, oder nicht?
Es könnte sein, daß Sie mich fragen, wie es denn mit der weißen Seerose sei. Ist sie ein Körbchenblütler oder eine gefüllte Blume? Und meine Antwort wäre: Sie ist weder das eine noch das andere! Sie hat kein einziges Merkmal der Kompositen und auch keines der gefüllten Blumen. Wenn Sie genau nachschauen, dann sehen Sie, wie die vielen Kronblätter und Staubblätter sich spiralig um den Fruchtknoten ordnen. Man könnte von der Nymphea sagen, sie besitze Einfachheit in der Vielfalt. Sie gehört in eine besondere Familie.
Ich komme zum Schluß meines langen Briefes und beantworte Ihnen noch die letzte Frage. Am häufigsten sind zwittrige Blüten; das hat man bis heute festgestellt. Die Natur scheint diese Vorrichtung für die Fortpflanzung der Arten am wirksamsten zu halten. Pflanzen sind ja gezwungen, unbeweglich an ihrem Standort, am Ort der Verwurzelung,

zu verbleiben, zu verharren. Die beiden Geschlechter können sich nicht wie im Tierreich aufsuchen. Für alle getrenntgeschlechtlichen Bäume, Sträucher und Kräuter hat die Natur wunderbare, mannigfaltige Mittel und Wege ersonnen, die Schwierigkeiten zu umgehen und zu überwinden.

Ich weiß, dieser Brief ist ungebührlich lang und ermüdend. Wirklich, höchste Zeit, daß Sie sich bei einem guten Spaziergang erholen. Zwar habe ich lange nicht alles gesagt, was noch zu sagen wäre. Doch ich gönne Ihnen die Muße, und morgen werde ich weiterfahren. Bleiben Sie meine gute aufmerksame Botanikerin, verlieren Sie weder den freudigen Mut noch die Ausdauer, die für unsere Studien unerläßlich sind. Ich umarme Sie zärtlich. Schönen guten Tag, liebe Freundin!

## Anmerkungen

Titel der Originalausgabe »Lettres élémentaires sur la Botanique«, »Sur les Synonymes et les Herbiers« und »La Fleur«. Durchgesehen und erweitert nach JEAN-JACQUES ROUSSEAU »La Botanique«, Oeuvres complètes, Band IV, Bibliothèque de la Pléiade, Paris 1969.
Die Illustrationen von P. J. REDOUTE wurden aufgenommen aus dem Sonderband der Oeuvres complètes, herausgegeben von V. D. Musset-Pathay, Paris 1823–26, welcher 60 kolorierte Gravuren enthält, die eigens für die Botanischen Lehrbriefe gezeichnet worden sind.

### *Zum 1. Brief*

*Madeleine-Cathérine Delessert*, geborene *Boy de la Tour* (1747–1816), die Empfängerin und Inspiratorin der »Botanischen Lehrbriefe«, war die zweite Tochter von der großmütigen Beschützerin Rousseaus *Julianne Boy de la Tour*, geborene Roguin.
Um das Töchterchen von Madeleine D. sinnvoll zu beschäftigen, schrieb Rousseau diese Einführung in die Pflanzenkunde, die nur ein kleiner Teil der recht wesentlichen Korrespondenz zwischen dem Philosophen und der botanisch interessierten Mutter ist.
Zwar hatte Rousseau schon oftmals mit dem Gedanken gespielt, einen für Laien verständlichen botanischen Leitfaden zu schreiben. Aber das fehlende Selbstvertrauen hinderte ihn; auch die Ermutigungen von Botaniker-Freunden wie de la Tourette und de Malesherbes halfen nicht.
Die vorliegenden Lehrbriefe wurden geschrieben nicht für die Öffentlichkeit, sondern für seine Freundin, für seine »Kusine«. Sie entstanden in den Jahren 1771–1774; damals schrieb er auch an dem unvollendet gebliebenen

»Wörterbuch für botanische Fachausdrücke«, was ebenfalls für die damalige Zeit ganz neu war. Briefe und Wörterbuch verfolgten dasselbe Ziel: dem interessierten Laien zu ermöglichen, sich in der Mannigfaltigkeit des Pflanzenreichs zurechtzufinden.

*Zum 2. Brief*

Das große botanische Wissen und das pädagogische Geschick Rousseaus trugen Früchte. Zwar nicht so unmittelbar bei der Empfängerin, noch bei der »lieben kleinen Botanikerin«, sondern beim Bruder *Benjamin Delessert,* welcher anfangs des 19. Jahrhunderts in Paris lebte, ein großes Haus führte und allen Interessierten seine berühmte Bibliothek botanischer Bücher zur Verfügung stellte. Sie umfaßte nicht weniger als 4000 Bände, die später dem Institut de France geschenkt wurden. Sein umfangreiches Herbar wurde der Stadt Genf vermacht. Entgegen vielen Botanikern jener Zeit war Rousseau Anhänger von Lupe und Mikroskop. Mit Begeisterung sprach er vom italienischen Botaniker Malphighi und dessen mikroskopischen Untersuchungen. Auf die Bemerkung Blumen seien nur da, um unsere Blicke zu erfreuen, antwortete er: »Wer so spricht, versteht sich recht schlecht auf die Kenntnis der Natur; denn er weiß nicht, daß ihr Schöpfer groß in großen Dingen und sehr groß in kleinen ist.« Und weiter: »Pflanzen wird man nie und nimmer richtig kennen, wenn man nicht auch deren Mechanik und treibende Innenkräfte ordentlich studiert, wenn man sie nicht an und für sich erforscht, wenn man nicht ihre innere Struktur beobachtet, die Fasern, die Schläuche, die Tracheen oder röhrenartige Leitelemente, die Rinde, das Mark, die Blätter, die Blüten, die Früchte, die Wurzeln, kurz alle Teile, aus denen die Pflanze als Ganzes zusammengesetzt ist.«

*Zum 3. Brief*

*Frau Mama* – Julianne-Marie Boy de la Tour, geborene Roguin hatte sich mit dem Neuenburger Pierre Boy de la Tour verheiratet; da ihr Gatte frühzeitig starb, führte sie die Geschäfte in Lyon weiter.

*Val de Travers* (Kt. Neuenburg) – wo Rousseau von 1762–1765 im Dorf Môtiers lebte, in einem der Familie Boy de la Tour gehörenden Bauernhaus.

*Tante Julia* – so nannte Rousseau die Schwester von Madeleine Delessert. *Emilie-Julie Boy de la Tour* heiratete den Berner Nicolaus Willading. Ihre Tochter Julie verheiratete sich mit H. Faesi aus Zürich. Sie erbte das kleine Herbar aus Rousseaus Händen, welches die Familie später der Zentralbibliothek Zürich schenkte. Es wird in der Originalschachtel, die mit grünblauem Safianleder und Silberlitzen überzogen ist, dort aufbewahrt. Es enthält 101 Pflanzen, sorgfältig gepreßt, mit goldenen Papierstreifen auf handgeschöpftem Büttenpapier geklebt. Die lateinischen Artnamen sind auf der Vorderseite mit braunroter Tinte vermerkt. Eine handschriftliche Liste mit den gebräuchlichen Vulgärnamen und originellen Hinweisen wie z.B. »Nr. 12 *Vergißmeinnicht* – Leider hat diese Pflanze die hübsche Farbe ihrer kleinen Blüten verloren, die blau sind mit seiner goldgelben Mitte. In Deutschland heißt sie ›Vergessen-Sie-Mich-Nicht‹, sicher weil sie so klein und etwas altjüngferlich aussieht.« Oder »Nr. 29 – *Purgierlein* – Eine kleine Pflanze, die häufig ist und auf den meisten Wiesen rund um Môtiers vorkommt; dèn weidenden Pferden ist sie sehr lästig, weil sie diesen oft zwischen den Zähnen hängen bleibt.« »Nr. 35 – *Herbstzeitlose* – Sie blüht erst im Spätherbst. Die schöne blaßviolette Blume zeigt sich immer ohne Stengel noch mit Blättern, was ebenso hübsch wie effektvoll ist. Manchmal sind die Wiesen übersät damit. Die langen Blätter und die Frucht erscheinen erst im

nächsten Frühjahr, so daß man nie Blüte *und* Blätter gleichzeitig sieht.« (s. Publ. »Tagesanzeiger-magazin«, Zürich 1. 7. 1978)
*Croix-de-Vacques* – Anhöhe bei St-Cyr in der Nähe vom Mont-d'Or.
*Kusine* – Neckname Rousseaus für seine Freundin, die »Belle Madelon«.

*Zum 4. Brief*

Auffallend ist hier wie der Autor Wert darauf legt, die aromatischen Gewürzkräuter der Lippenblütler aufzuzählen und auch bei der Charakteristik der Rachenblütler auf die stinkende Braunwurz hinzuweisen.
Bernardin de St-Pierre (Autor von »Paul und Virginie«), welcher Rousseau in diesen 70ger Jahren sehr oft besuchte, hat von dessen fein ausgebildetem Geruchssinn berichtet – er mied Rauchen und Schnupfen – und wie oft er beim Zerreiben von Pflanzenblättern die verschiedenen Düfte beschrieb, so: »Der Kreuz-Enzian riecht nach Honig, das Ruprechtskraut nach Hammelkeule, Andorn nach Reinette-Apfel, Sumpf-Gamander nach Knoblauch ...«
Der steten Anteilnahme am Wohlergehen aller Familienmitglieder der Boy de la Tour, seiner wahlverwandtschaftlichen Bindung an Madeleine Delessert, gibt er wiederholt lebhaften Ausdruck. Das Interesse am Pflanzenreich seiner »Kusine« gibt ihm nicht nur Gelegenheit, seine eigenen Gedanken darüber zu ordnen und darzustellen, sondern hilft ihm auch seinen Pariser Alltag besser zu durchstehen. Damals, als Notenkopieren sein Broterwerb war (8000 Seiten in 5 Jahren), war der Umgang mit Pflanzen, sein täglicher Spaziergang, das Sammeln und Einlegen lebenswichtig für ihn.

*Zum 5. Brief*

1772 – Rousseau lebt seit zwei Jahren wieder in Paris an der alten Wohnstraße, Rue Platrière, mit Gefährtin Thérèse, seinem Hund und dem Zeisig. Sein Ruf als Botaniker ist so groß, daß Bernard de Jussieu ihn auffordert, bei Exkursionen mitzumachen. Adlige, Politiker, Philosophen und Literaten konnten mit nicht geringem Erstaunen in den »Mémoires secrètes« von Bauchaumont lesen: »Man kann sich nicht vorstellen mit welch großem Eifer der Genfer Philosoph dieses Studium betreibt, und man zweifelt nicht, daß er sich eines Tages auf diesem Gebiet hervortun wird, wie auf allen andern, die er bisher betrat.«

Zwar sucht sich Rousseau nicht Ehre noch Ruhm, sondern Ruhe und Frieden. Damals schrieb er an seinen Schweizer Freund Dupeyrou, mit dem er sich in den Besitz mancher botanischer Bücher teilte: »Vorderhand muß ich mich schön stille halten, abwarten und fortfahren Kräuter zu sammeln. Ich frage mich, mein lieber Freund, wie machen Sie es nur? Sie denken, Sie sind ein Ehrenmann, und dennoch werden Sie nicht gehängt? Aber ich, wenn ich auf gute, nützliche Gedanken komme, sehe ich auf der Stelle Schaffot und Galgen vor mir. *Doch mit einem Linné in der Tasche und Heu im Kopf, werde ich wohl nicht gehängt werden!?*«

*Zum 6. Brief*

*Herzogin von Portland*, Margaret Cavendish-Bentinck (1715–1785), lebte in Bullstrode, Buckinghamshire. Ihre Gartenanlagen waren damals weitherum berühmt. Rousseau begegnete ihr während seines kurzen Englandaufenthalts. Er bewunderte ihre fundierten botanischen Kenntnisse ebenso wie ihre selbstverständliche Art und Weise in der freien Natur auf Pflanzensuche zu gehen. Der Briefwechsel, welcher größtenteils erhalten

ist, dauerte über zehn Jahre (1766–1776), worin kaum andere als botanische Fragen behandelt wurden.
Zu Ehren der beiden Laien-Botaniker wurden folgende Pflanzen benannt:
*Roussea simplex, Smith* gehört in die große Familie der Steinbrechgewächse (Saxifragaceae). Heutzutage ordnet man die Gattung Roussea in die Unterfamilie der Brexiaceae ein. Roussea simplex kommt auf der Insel Mauritius vor, ein Kletterstrauch mit quirlständigen lanzettlichen Blättern, mit meist blauen großen nickenden Blüten. Die Gattung besteht nur aus einer Art. De Candolle war der Ansicht, daß Roussea so besondere Merkmale aufweise, daß eine eigene Familie gerechtfertigt sei.
*Rousseauxia DC* trägt ebenfalls den Namen des Philosophen. Sie gehört in die Familie der Melastomaceae; ebenfalls 1 Gattung, 1 Art: Rousseauxia chrysophylla DC, ein Strauch mit ringelnarbigen borstigen Knoten, wenigen kleinen scheinrispigen Blütenständen.
Die Gattung *Portlandia, Forst* (heutzutage in der Gattung Bikkia beschrieben) gehört in die Familie der Rubiaceae (Rötegewächse). Sie ist in den östlichen Molukken, Malesien, Ozeanien heimisch. Meist kleine Bäume oder Sträucher mit glänzenden lederartigen Blättern und großen weißen Blüten.
Auch die *Portland*-Rosen sind in Vergessenheit geraten, die zu den beliebten Gartenrosen gehörten; sie wurden aus der Rosa gallica (Essigrose) und Rosa damascena (Damaszener Rose) gezüchtet.

*Zum 7. Brief*

*Tante Goncerut* – Suzanne Goncerut, geborene Rousseau, Pflegemutter von Rousseau, die er am Anfang seiner »Bekenntnisse« beschreibt. Im Alter lebte sie in Nyon. Ihr Neffe Jean-Jacques ließ ihr jeweils die Rente,

welche er vom englischen König erhielt, zukommen, um ihr ein angenehmes Alter zu sichern.
*Fourvière* – (Anhöhe bei Lyon), wo die Familie Boy de la Tour einen Sommersitz besaß, u.a. auch einen Weinberg; dort sah Rousseau zum erstenmal die Osterluzei (Aristolochia Clematitis) und bestimmte sie zu seiner Freude auch richtig.
*»Über die menschlichen Eingriffe in die Natur«* schreibt der Philosoph ein anderes Mal mit bitterem Spott: »...und jetzt nimmt der reiche Mann einen Baumeister, der viel Geld damit verdient, um die Natur zu verderben: Über das Terrain fährt er wie mit einem Schwamm über eine Schiefertafel, und das Resultat läßt sich sehen: schnurgerade Alleen mit gut verschnittenen Bäumen und ausgezackten Hecken ... Ich sehe die Zeit kommen, wo nicht mehr geduldet wird, was draußen auf Wiesen und in Wäldern wächst. Sondern man wird Porzellanblumen bewundern, steinerne Affen, bronzene Blattlaubgitter, gefärbten Sand für die Wege und sogar schöne Vasen wird man aufstellen, die mit nichts gefüllt sind!«
Rousseau bewunderte wohl als einer der Ersten die Englischen Gärten, die sich an die chinesische Gartenkunst anlehnen. Folgende Stelle aus der »Die Neue Heloise« zeugt davon: »Ein gebildeter Mensch, welcher lebt, um zu leben, wird in seinem Garten Gewässer, Grünflächen, Schatten und Frische vereinigen, denn dies alles ist auch in der Natur zusammen. Die Symmetrie ist die Feindin der Natur und Mannigfaltigkeit. Deshalb wird er nicht gerade Wege anlegen, sondern solche, die etwas Ungezieltes haben, wie der Gang eines müßigen Menschen, der bald zur Rechten, bald zur Linken abweicht. Er meidet Aussichtspunkte, weil er nicht an Fernweh leidet. Es behagt ihm dort, wo er weilt und sehnt sich nicht woanders hin ... Wir sehen in seinem Garten Buche und Ulme, Esche und Robinie, Erle und Weide, das windende

Geißblatt, ein kleiner Teich mit Binsen und Schilfrohr. Auf den Bäumen, die die Wege säumen, wachsen Hopfen und Winden, Waldrebe und Jasmin; wir sehen wilde Himbeeren und Brombeeren, wilde Rosen und schwarzen Holunder, auch die Haselsträucher dürfen nicht fehlen, Blumen aus fernen Ländern sind selten, dafür aber mancherlei, das bei uns auf der Wiese und im Wald gedeiht: Ginster, Steinklee, Thymian, Immergrün und Maiglöckchen.«

Die Rousseau'schen Pflanzenbeschreibungen – hier zum erstenmal in deutscher Sprache mit den botanischen Lehrbriefen veröffentlicht – zeugen von seiner kenntnisreichen Scharfsicht, seinem pädagogischen Geschick. Um jede langweilige Gelehrsamkeit zu vermeiden, mischt er etwas Spott, etwas Launigkeit bei. So einmal zur *Kapuzinerkresse* schreibt er an die Freundin: »Wie ich vernehme, hat Frau von Linné kürzlich in der Morgendämmerung beobachtet, daß die Farbe der Kronblätter zu leuchten beginnt. Nun, mir scheint eines an dieser Beobachtung gesichert, daß die Damen des hohen Nordens früher aufstehen als die Pariserinnen!«

*Das kleine Herbar* für das Töchterchen *Madelon Delessert* sandte Rousseau am 8. Mai 1774 ab. Es enthält 168 Pflanzen und eine handschriftliche Liste, worauf die lateinischen und Vulgärnamen aufgeführt sind. Ähnlich wie das Zürcher Herbar von Julia Boy de la Tour liegt diese Pflanzensammlung in einem Mahagonykistchen. Heutiger Besitzer, ein Nachfahre von Madeleine Delessert, ist Baron Rodolphe Hottinguer.

*Zum 8. Brief*

*Tante Goncerut* – s. 7. Brief

Rousseau hat im Ganzen *zehn* Herbarien angelegt. Das sogenannte *Große Herbar* enthält die Pflanzensammlung eines jungen Botanikers aus Montpellier und gesammelte Pflanzen von Rousseau. In diesem Zusammenhang schreibt er an Freund Du Peyrou: »Das Ganze besteht aus zehn Folio-Pappbänden, die ungefähr 1500 Pflanzen enthalten, d.h. ungefähr 2000, wenn die Varietäten dazugezählt werden. Ich habe eine schöne Kiste machen lassen, so daß ich sie bequem transportieren kann. Dieses Herbar wird in Zukunft meine einzige Bibliothek sein; falls man mir *diese* Freude nicht nimmt, biete ich den Menschen die Stirn, denn sie können mich nicht mehr unglücklich machen.« Er verkaufte es später dem Engländer Malthus.

Das *Quart-Herbar* aus 11 Bänden bestehend behielt er bis zu seinem Tod. Rousseau ordnete die Pflanzen immer nach dem Linnéschen System. Es wurde im *Botanischen Museum in Berlin* aufbewahrt und wird seit der Bombardierung der Stadt vermißt.

In den »Träumereien« steht: »Mein Herbar ist das Tagebuch meiner Wanderungen, ich sehe wieder alles vor mir, was mich auf dieser Insel beglückte: Wiesen, Wasser, Wälder, Einsamkeit und vor allem verspüre ich den Frieden und die Ruhe, die über ihnen weilte und dieses *Je voudrais que cet instant durât toujours!*« – Rousseaus ›O Augenblick, verweile doch‹!

Außer den beiden schon erwähnten Herbarien für Julia Boy de la Tour und Madeleine Delessert, sandte Rousseau am 22. Okt. 1773 zwei Herbar-Muster im Taschenformat an die *Herzogin von Portland.* Dazu schrieb er: »Falls das eine oder das andere, oder sogar beide, dem Geschmack von Madame la Duchesse entsprächen, würde ich mit Freuden damit weiterfahren ...«

Das allerletzte Herbar, welches die Pflanzen von *Ermenonville* enthält, stellte Rousseau kurz vor seinem Tod für die Tochter von Marquis de Girardin zusammen; es enthält 13 Blätter. In dieser Zeit schrieb er an einen Freund mit der ihm eigenen unnachahmlichen Selbstironie: »Sammeln und einlegen will ich alle Gewächse der Alpen, der Ebenen und des Meeres und alle Bäume der beiden Indien. Zwar beginne ich vorerst auf gut Glück mit unserm Acker-Gauchheil, dem Kerbel, dem Boretsch und dem Greiskraut!«

*Zum 9. Brief*

*Rosa Eglanteria* – Dazu schrieb Rousseau ein ander Mal: »Die Engländer verachten Wildrosen nicht, sondern lieben ihren Duft so sehr, daß die Weinrose in ihren Gärten zu finden ist. Nur dieses Inselvolk hat Sinn für Pflanzen; sie zu kennen, ist für die Menschen dort Studium und Erholung zugleich. Die Franzosen hingegen, die erblikken in dem schönsten aller Blumenteppiche nur Bestandteile für ihre Heilpflaster und Klistiere.«

Rousseau besaß eine recht große Anzahl botanischer Werke, die er zum großen Teil mit Freund Du Peyrou teilte. Es existiert eine Bücherwunschliste, die er seinerzeit seinem Verleger Rey in Amsterdam zugestellt hat. In seinem Brief an Carl von Linné kommt die Bewunderung, die er für den großen Systematiker hegt, aufs lebhafteste zum Ausdruck:

An Herrn von Linné

Paris, den 21. September 1771

Empfangen Sie gütigst, verehrtester Herr, die Hochschätzung eines sehr unwissenden Schülers, der vielleicht der fleißigste unter ihnen ist. Er hat sich mit Freude in die Lektüre Ihrer Schriften vertieft, die ihm innere Ruhe vermittelt haben und dies trotz teuflischem Hasse und grausamsten Verfolgungen, beides hinter der Maske wohlwollender Freundschaft verborgen.

Allein mit der Natur und Ihnen, verbringe ich auf meinen einsamen Spaziergängen Augenblicke ungetrübter Hei-

terkeit und der Gewinn aus Ihrem Werk »Philosophia Botanica« ist größer, tiefer und wahrer als aus allen andern Büchern über Menschentugenden und Moral. Es hat mich gefreut zu vernehmen, daß ich kein Unbekannter für Sie bin, und daß Sie mir sogar einige Ihrer Schriften zukommen lassen. Ich versichere Sie, verehrtester Herr, diese Ihre Arbeiten werden zu meiner Lieblingslektüre gehören, und meine Freude wird noch größer sein, weil ich sie aus Ihren Händen empfangen habe.
Altgeworden macht mir das Sammeln von allerlei Sämereien und Früchten ein kindliches Vergnügen. Falls sich in Ihrer Samensammlung Kostbarkeiten befinden sollten, die für Sie wertlos geworden sind, möchte ich Sie bitten, an mich zu denken. Sie werden einen glücklichen Menschen aus mir machen. Mit Dankbarkeit werde ich sie annehmen, das einzige, was ich Ihnen anbieten kann; doch sie kommt nicht aus einem unwürdigen Herzen.
Leben Sie wohl, Herr von Linné, fahren Sie damit fort, uns Menschen das Buch der Natur aufzuschließen und zu erklären. Mit Ihrer Hilfe werde ich noch einige Worte mehr auf den Blattseiten des Pflanzenreichs entziffern lernen. Ich lese Sie, ich studiere Sie, ich denke über Sie nach, ich verehre Sie und liebe Sie von ganzem Herzen.

*Zum 10. Brief*

Außer dem unvollendet gebliebenen »Wörterbuch für botanische Fachausdrücke«, das auch die hier vorliegende Definition der Blüte u.a. enthält, hat Rousseau selbsterfundene Zeichen für botanische Werte verwendet, wie z.B.:

♃ Perennes (perennierend)

☉ Annuus (einjährig)

 Radix (Wurzel)

Radix ramosa (Wurzelverzweigung)
fusiformis (spindelförmig)
repens (kriechend)
ascendens (aufsteigend)
decumbens (bogig niederliegend)
procumbens (niederliegend)
erectus (aufrecht)
nodosus (knotig)
nutans (nickend)
Palma (Palmen)
Filix (Farne)
Muscus (Moose)
Lichen (Flechten)
Alga (Algen)
Fungus (Pilze)
Lilium (Lilien)
Gramen (Gräser)

Kurz vor seinem Tod, im Mai 1778, schrieb er: »Kein System ist vollkommen natürlich, auch jenes von Linné nicht. Das beste wird immer sein, welches auf bedeutsame Merkmale gründet, die noch am meisten feststehen und am leichtesten wahrzunehmen sind. Die Arten sind schwer erkennbar. Die Gebilde der Natur fließen zu sehr ineinander über, und man muß fragen, ob denn überhaupt Arten in der Natur existieren und nicht vielmehr einzig und allein Individuen.«

| | |
|---|---|
| Andorn, Gewöhnlicher – | Marrubium vulgare L. |
| Anis – | Pimpinella anisum L. |
| Apfelbaum – | Malus doméstica Borkh. |
| Arnika, Berg-Wohlverleih – | Arnica montana L. |
| Artischocke – | Cynára cardúnculus L. |
| Aster – | Aster L. |
| Aurikel, Flühblume – | Primula auricula L. |
| Augentrost – | Euphrasia L. |
| | |
| Bärenklau – | Heracleum L. |
| Basilikum, Basilienkraut – | Ócimum basílicum L. |
| Berg-Wohlverleih, Arnika – | Arnica montana L. |
| Bibernelle – | Pimpinélla L. |
| Birnbaum – | Pyrus commúnis L. |
| Bocksbart, Wiesen- | Tragopógon pratensis L. |
| Bohne, Garten- | Phaséolus vulgaris L. |
| Boretsch – | Borágo officinális L. |
| Braunwurz, Knotige – | Scrophularia nodósa L. |
| Braunwurzgewächse – | Scrophulariaceae |
| Brunelle – | Prunella L. |
| | |
| Cypergras, Braunes – | Cyperus fuscus L. |
| | |
| Doldengewächse – | Umbelliferae |
| Drachenmaul – | Horminum L. |
| | |
| Ehrenpreis, Gamander – | Veronica chamaedrys L. |
| Ehrenpreis, Felsen – | Veronica fruticans Jaeq. |
| Eiche – | Quercus L. |
| Engelwurz – | Angélica L. |
| Erbse – | Písum satívum L. |
| Erle – | Alnus L. |
| Esparsette – | Onobrýchis Mill. |
| | |
| Fenchel – | Foeniculum L. |
| Fingerhut – | Digitalis L. |
| Flockenblume, Gemeine – | Centaurea vulgaris L. |
| Flockenblume, Fußangel – | Centaurea calcitrapa L. |

| | |
|---|---|
| Fuchsschwanz – | Amaránthus L. |
| Gänseblümchen, Maßliebchen – | Bellis perennis L. |
| Gauchheil, Acker- | Anagallis arvénsis L. |
| Gauklerblume – | Mimulus L. |
| Geißfuß, Baumtropfen – | Aegopodium podagrária L. |
| Ginster – | Genista L. |
| Gliedkraut, Berg- | Sideritis montána L. |
| Glockenblume, Büschel- | Campanula glomerata L. |
| Goldlack – | Cheiránthus Cheiri L. |
| Greiskraut, Kreuzkraut | Senecio L. |
| Günsel – | Ajuga L. |
| Hainfriedlos – | Lysimachia némorum L. |
| Hahnenfuß, Scharfer | Ranunculus acer L. |
| Haselstrauch | Corylus avellána L. |
| Helmkraut | Scutellária L. |
| Herbstzeitlose | Colchicum autumnále L. |
| Hirtentäschel, Hirtentäschchen | Capsella búrsa-pastóris L. |
| Holunder, Schwarzer | Sambucus nigra L. |
| Honiggras, Wolliges | Holcus lanatus L. |
| Hopfenklee (Schneckenklee) | Medicago lupulina L. |
| Hornklee | Lotus corniculatus L. |
| Hülsenfruchtgewächse | Leguminosae |
| Hundspetersilie, Garten-Schierling | Aethusa cynápium L. |
| Isop | Hyssopus officinalis L. |
| Karden-Distel, Wilde | Dipsacus sylvestris Huds. |
| Katzenminze, Gewöhnl. – | Népeta catária L. |
| Kerbel | Anthriscus L. |
| Knäuelgras | Dactylis glomerata L. |
| Knöterich, Östlicher | Polygonum orientale L. |
| Kohlrabi | Brassica olerácea ssp. |
| Königsfarn | Osmunda regalis L. |
| Kopfbinse, Schwärzliche | Schoenus nigricans L. |

| | |
|---|---|
| Kopfsalat | Lactuca sativa L. ssp. |
| Kornblume | Centaurea cýanus L. |
| Kresse, Garten- | Lepidium satívum L. |
| Kreuzkraut (Greiskraut) | Senecio L. |
| Küchenschelle | Pulsatilla L. |
| | |
| Labkraut | Galium L. |
| Lattich | Lactuca L. ssp. |
| Läusekraut | Pedicularis L. |
| Lavendel | Lavándula officinalis L. |
| Leinkraut, Gewöhnliches | Linaria vulgaris L. |
| Leinkraut, Tännel- | Kickxia Dum. |
| Levkoje | Matthíola L. |
| Lilie, Weiße | Lilium candidum L. |
| Liliengewächse | Liliaceae |
| Linse | Lens culinaris Medikus |
| Lippenblütler | Labiatae |
| Löwenmaul | Linaria L. |
| Löwenzahn, Pfaffenröhrlein | Taraxacum officinalis L. |
| Löwenzahn, Behaarter | Leontodon hispidus L. |
| Luzerne | Medicago sativa L. |
| | |
| Majoran | Majorana horténsis |
| Malve – | Málva L. |
| Mandelbaum | Prunus dulcis Webb. |
| Mannstreu, Feld- | Eryngium campestre L. |
| Maskenblütler † (jetzt: Rachenblütler) | Personae † (jetzt: Scrophulariaceae) |
| Meerfenchel | Crithmum maritimum L. |
| Merk | Sium L. |
| Minze | Mentha L. |
| | |
| Nachtviole | Hésperis L. |
| Nelke | Dianthus L. |
| | |
| Origano, Wilder Majoran | Origano majorana L. |
| | |
| Pastinak | Pastináca sativa L. |
| Petersilie | Petroselínum Hill. |

| | |
|---|---|
| Pfaffenröhrlein | Taraxacum officinale L. |
| Pfirsichbaum | Prunus persica L. |
| Platterbse | Láthyrus L. |
| Polei-Minze | Mentha pulégium L. |
| Primel | Primula L. |
| Purgierlein, Wiesenlein | Linum cathárticum L. |
| | |
| Quendel, Thymian | Thymus L. |
| | |
| Rachenblütler | Scrophulariaceae |
| Rainkohl | Lápsana communis L. |
| Ringelblume | Calendula officinalis L. |
| Rotbuche | Fagus silvatica L. |
| Rosengewächse | Rosaceae |
| | |
| Saubohne, Ackerbohne | Vícia fába L. |
| Sauerkirsche, Weichsel | Prunus cérasus L. |
| Seifenkraut | Saponaria L. |
| Senf, Ackersenf | Sinapis arvénsis L. |
| Silberling, Mondviole | Lunária redivíva L. |
| Skabiose | Scabiosa L. |
| Sonnentau, Rundblättriger | Drósera rotundifolia L. |
| Süßkirsche | Prunus ávium L. |
| Schafgarbe | Achilléa L. |
| Schmetterlingsblütler | Papilionaceae |
| Schotenklee, Gehörnter, Hornklee | Lótus corniculatus L. |
| Schwarzwurzel | Scorzonera L. |
| Steinbrech, Knöllchentragender | Saxifraga granulata L. |
| Steinbrech, Safrangelber | |
| Storchschnabel, Schlitzblättriger | Geránium disséctum L. |
| | |
| Täschelkraut | Thláspi L. |
| Thymian | Thýmus L. |
| | |
| Vergißmeinnicht | Myosótis L. |
| | |
| Wachtelweizen | Melampýrum L. |

| | |
|---|---|
| Walnuß, Baumnuß | Juglans regia L. |
| Wassernabel | Hydrocotyle vulgaris L. |
| Wasserdost | Eupatorium cannábium L. |
| Wegwarte | Cichórium Intybus L. |
| Weißkohl | Brassica olerácea capitáta |
| Wicke | Vicia L. |
| Wiesenklee | Trifólium praténse L. |
| Wolfsmilch | Euphorbia L. |
| Wucherblume, Busch - | Chrysánthemum corymb. |
| Wucherblume, Große | Chrysánthemum leucánth. |
| Zichorie, Wegwarte | Cichórium Intybus L. |
| Ziest | Stachys L. |
| Zimbelkraut | Linaria cymbalária L. |

*Botanikerliste*

*Adanson,* Michel (1727–1806), franz. Botaniker, »Classification naturelles des plantes«

*Aristoteles* (384–322 v. Chr.), griech. Philosoph und Naturforscher, Schriften u.a. auch über Naturgeschichte.

*Bauhin, Johannes und Caspar* (lebten um 1560–1625 in Basel) u.a. »Pinax theatri botanici« 1623, »De plantis adivis sanctisve nomen habentibus«, 1591. Der Pflanzenname Hieracium Bauhini (Bauhins-Habichtskraut) erinnert an die Brüder Bauhin.

*Cesalpin,* Andrea (1519–1603), ital. Naturforscher, Arzt und Philosoph (entdeckte die Geschlechtlichkeit bei den Blütenpflanzen). Caesalpiniaceae – Pflanzenfamilie; bekanntes Farbholz, Caesalpinia sappan

*Clusius* (Charles de Lécluse, 1526–1609), franz. Botaniker und Naturforscher (führte die Kartoffel in Europa ein) »Rariorum aliquot stirpium observatarum historia« 1576 »Rariorium aliquot stirpium per Pannoniam, Austriam et vicinas quasdam provincias, 1584. Eine der schönsten Enziane Gentiana Clusíí wurde nach ihm benannt.

*Cordus,* Euricius (1486–1535), Arzt, »Botanologicon« (Versuch einer wissenschaftlichen Pflanzenkunde Deutschlands)

*Crantz,* J. H. (1722-1799), deutscher Botaniker »Institutiones rei herbariae« 1766

*Dioscorides,* Pedanios, griech. Arzt, lebte im 1. Jh. n. Chr. Verfasser einer Arzneimittellehre in 5 Bänden, die über tausend Jahre maßgeblich war. Dioscoreaceae, Pflanzenfamilie, verwandt mit den Liliaceae; hauptsächlich tropisch-subtropisch; das Hottentottenbrot (Dioscorea elephantepus) die heimische Schmerwurz (Tamus) gehört in diese Familie.

*von Fuchs,* Leonhard (anfangs 1500), Botaniker, »De historia stirpium commentari insignes«, Basel 1542

*Galen* (Galenius) (129–199), römischer Arzt

*Gessner,* Conrad J., schweiz. Arzt und Naturforscher (1709–1790) u.a. »Catalogus plantarum latine, graece, germanice et gallice«. Begründete die »Zürcher Naturforschende Gesellschaft«. Gessneraceae, Pflanzenfamilie; bekannteste Art ist das Usambara-Veilchen (Saintpaulia)

*Haller,*Albrecht von (1708-1777), schweiz. Naturforscher und Arzt. Gedicht »Die Alpen« und wissenschaftliche Schriften u.a. »De methodico studio botanices absque praeceptore« 1736. Etliche in den Alpen vorkommende Arten erinnern an sein Werk, u.a. Hallers Laserkraut (Laserpitium Halleri), Hallers Küchenschelle (Pulsatilla Halleri)

*Hildegard von Bingen,* Benediktinerin (1098–1179), Kloster Rubertsberg: »Physica S. Hildegardis«

*Herman* P. um 1660, holl. Arzt und Botaniker.

*Jungius* (Jung, Joachim) (1587–1657), deutscher Philosoph u. Naturwissenschaftler, u.a. »Harmonica theoretica«, »Isagoge phytoscopia«.

*Jussieu, de:* französische Familie, die vier bedeutende Botaniker hervorbrachte (Antoine, *Bernard,* der z.Zt. Rousseaus Direktor des Jardin du Roy, des heutigen Jardin des Plantes, war, Antoine-Laurent und Adrien). Sie lebten Ende des 17. Jahrhunderts bis Mitte des 19. Jahrhunderts.

*Linné,* Carl von, schwedischer Botaniker, lehrte in Uppsala (1707–1778), u.a. »Systema naturae«. Führte die noch heutzutage verwendete binäre Nomenklatur ein, die jeder Pflanze eine lateinische Doppelbezeichnung aus Gattungsname und Artname gibt, z.B. die nach Linné benannte Gattung *Linnea,* Art *borealis L,* (Nordisches Moosglöcklein), gehört in die Familie der Caprifoliaceae (Geißblattgewächse)

*Ludwig,* Chr. G. (1709–1773), deutscher Botaniker, »Definitiones generum plantarum in usum auditorum« 1737–1760

*Micheli,* Pietro A. (1679–1737), Botaniker, lebte in Florenz; schrieb hauptsächlich über Kryptogamen.

*Myrepsus,* Nikolaus von Alexandrien, Leibarzt unter Johann III, Verfasser einer Arzneimittellehre (um 1270)

*Plinius, der Ältere* (23–79 n. Chr.), römischer Schriftsteller, »Naturalis historiae«, 37 Bde. Plinioidae, Unterfamilie der Myrtengewächse. Bekannteste Art die Gewürznelke (Eugenia caryophyllata)

*Plukenet,* L. (1652–1706), englischer Botaniker

*Pontedera,* G., (1688–1757), ital. Naturforscher, u.a. »Compendium tabularum botanicarum« 1718. Pflanzenfamilie Ponteteriaceae, besonders S. u. N.-Amerika.

*Ray,* J. (Rajus) (1627–1705), engl. Naturforscher, »Methodus plantarum nova« und »Historia plantarum«

*Rheede tot Draakestein* , H.A. van (1635–1711), holl. Botaniker »Horticus indicus malabaricus«, 12 vols. 1678–1703

*Rhumphius* (Rumpf G. E.) (1627–1702), deutscher Naturforscher »Herbarium amboinense«.
*Rivinus* (A. Q. Bachmann) (1652–1723), deutscher Botaniker, »Ordo plantarum« Das häufig vorkommende Veilchen Viola Riviniana wurde nach ihm benannt.
*Suardus,* Paulus »Thesaurus aromatariorum«, lebte um 1500
*Tournefort,* J. Pitton de (1656–1708), franz. Botaniker, u.a. »Eléments de botanique«, 6 vols.
*Villanova,* Arnaldus da, Arzt in Salerno um 1300, »Comm. Regimen sanitatis salernitatum«

## *Botanische Fachausdrücke*

*Achsenbecher* s. Blütenbecher
*Anthere* s. Staubblatt
*Balg* – aus einem Fruchtblatt bestehende *trockene* Frucht; der Balg ist vielsamig und öffnet sich an der Bauchnaht.
*Beere* – eine *fleischige,* mehrsamige Frucht ohne Steinkern; die Samen sind im Fruchtfleisch eingebettet; z.B. Weinbeere, rote Johannisbeere.
*Blatt* – meist flächige Teile der Sprosse (s.d.), einfach (z.B. Tulpe) oder zusammengesetzt (z.B. Rose). Die vielgestaltigen Laubblätter absorbieren Sonnenlicht, verbrauchen Kohlendioxyd und geben Sauerstoff ab. Besondere Schließ- und Öffnungszellen dienen dem Gasaustausch und der Wasserabgabe. Man unterscheidet *Blattspreite, Blattgrund, Blattrand* und *Blattstiel.* Blätter können z.B. *wechselständig, gegenständig, quirlig* angeordnet sein. Am Blattstiel befinden sich oft *Nebenblätter.* Im Bereich des Blütenstandes spricht man von *Trag-* und *Vorblättern,* die auch bei rein vegetativen Seitensprossen vorkommen.
*Blattachsel* – der Winkel zwischen dem Blattstiel und dem Zweig oder Stengel heißt Blattachsel; hier sitzen Knospen.
*Blattrand* – ist verschiedenartig, z.B. ganzrandig, gezähnt, gekerbt, gebuchtet usw.
*Blüte* – Sie wird aus Stengel und Blättern, einem *Sproß* (s. d.), gebildet; dieser blütenbildende Sproß ist in seinem *Wachstum begrenzt;* er trägt die *Fortpflanzungsorgane.*
Bei einer *zwittrigen Blüte* sind die männlichen *Staubblätter* und der *weibliche Fruchtknoten* als Fortpflanzungsorgane

vorhanden. Die meist grünen Kelchblätter bilden den äußern Blütenkreis, die meist farbigen Kronblätter den innern. Man spricht in diesem Fall von einer vollständigen *Blütenhülle* (Perianth). Farbe, Form und Duft von Blüten, also Kelch, Krone, Staubblätter und Narbe, locken verschiedenste Insekten an, die sich *Nektar* oder *Pollen* holen und zugleich die *Blüte bestäuben.*

*Blütenbecher* – (Rezeptakel, Blütenboden, Achsenbecher) Das Blütenstielende kann sich verbreitern, um Frucht und Staubblättern mehr Raum zu schaffen. Diese Verbreiterung oder Aufwölbung nennt man Blütenbecher.

*Blütenhülle* – die einfache Blütenhülle (Perigon) z.B. bei Liliengewächsen, besteht aus einem Kreis. Die zweifache oder vollständige Blütenhülle besteht aus zwei Kreisen, dem äußeren, dem *Kelch*, und dem innern, der *Krone*. Beide zusammen nennt man Perianth; z.B. Rosengewächse.

*Blütenkopf* – ein kopfiger Blütenstand, der aus mehreren, dicht stehenden Einzelblüten gebildet wird.

*Blütenstand* – Anordnung verschiedener Blüten auf einer Pflanze. Zu den *einfachen* Blütenständen gehört u.a. die *Ähre* mit *ungestielten* Blüten, z.B. Weizen, Wegerich; die *Traube* hat *gestielte* Blüten, die sich *nicht verzweigen*, z.B. Hirtentäschel. Zu den zusammengesetzten Blütenständen gehört u.a. die *Rispe*, deren Blüten gestielt und verzweigt sind, wie z.B. Schilf, Weintraube.

*Blütenstaub* (Pollen) – Die *Pollenkörner* reifen in den Staubbeuteln aus; sie werden je nachdem von Insekten oder dem Wind auf die Narben getragen.

*Blütenstiel* – er trägt die Blüte; am Stielansatz sitzt meist ein *Tragblatt* und unmittelbar vor der Blüte ein oder zwei *Vorblätter.*

*Braunwurzgewächse* (Scrophulariaceae) s. Rachenblütler

*Diskus* – eine Art Polster, welches den Stempel umgibt und Nektar (»Honig«) ausscheidet, wie z.B. bei Steinbrech, Efeu.

*Dolde, Döldchen* – Vom obersten Punkt des Stengels strahlen die blütentragenden Stiele aus, die Doldenstrahlen. Jeder Strahl kann wiederum ein Strählchen mit einem Döldchen tragen, z.B. Möhre, Kümmel, Bärenklau.

*Doldengewächse* (Umbelliferae) – Pflanzenfamilie mit 300 Gattungen und etwa 3000 Arten. Meistens Kräuter. Vorkommend in gemäßigten Gebieten vom Meeresstrand bis ins Hochgebirge.

*Drüse* (Honigdrüse, Drüsenhaare, Drüsenbecher, Drüsenring) Haare oder im Gewebe liegende Zellen, Behälter, die Sekrete, z.B. Nektar (Honigsaft), ausscheiden.

*Fahne* – Das größte flächige Kronblatt einer Schmetterlingsblüte, z.B. Frühlings-Platterbse.

*Flügel* – Zwei meistens gleichgroße, länglichschmale Kronblätter einer Schmetterlingsblüte, z.B. Wicke.

*freikronblättrig* –Blütenkrone mit getrennten, also nicht verwachsenen Kronblättern, z.B. Hagrose.

*Frucht* – Eine Blüte wird zur Frucht im Zustand der Samenreife. Sie wird aus dem Fruchtknoten gebildet. Es können aber auch andere Blütenteile daran beteiligt sein, z.B. beim Apfel wird der Blütenbecher fleischig.
Die Form des Fruchtknotens ist entscheidend für die späteren Früchte, d.h. ob sie zu einem *Balg, Nuß, Beere* oder *Schote* werden, um nur einige Formen zu nennen.

*Fruchtknoten* (Gynoeceum) – besteht aus einem oder mehreren Fruchtblättern, die die Samenanlage(n) einschließen. Der Fruchtknoten setzt sich meistens mit einem stielartigen Teil, dem *Griffel*, fort, der die *Narbe* trägt, die oft klebrig und mit kleinsten Härchen besetzt ist, so daß die Pollenkörner daran hängen bleiben. Fruchtknoten, Griffel und Narbe werden gemeinsam als *Stempel* bezeichnet.

*Fruchtwand* – Diese kann die verschiedenartigsten Formen annehmen. Die Fruchtwand kann u.a. fleischig, hart, dünn, trocken, behaart, dornig werden.

*ganzrandig* –bezieht sich auf den Blattrand, der weder gezähnt, noch gekerbt, noch geschlitzt, noch gebuchtet ist.

*gebuchtet* – Blattrand mit mehr oder weniger großen Einschnitten.

*gefiedert* – ist ein zusammengesetztes Blatt mit mehreren Blättchen an einem Blattstiel, z.B. Fiederblatt der Hagrose, Petersilie.

*gegabelt* – Oft teilt sich die Narbe gabelförmig, z.B. Brunelle.

*gekerbt* – Blattrand mit kurzen stumpfen Zacken und spitzen Einschnitten.

*gelappt* – Blattrand mit runden Einbuchtungen, weniger tief als gebuchtet, aber tiefer als gekerbt.

*getrennt-kronblättrig* – s. freikronblättrig

*Griffel* – s. Fruchtknoten

*Helm* – Kelch- oder Kronblätter können sich helmförmig umbilden, wie z.B. beim Eisen- oder Sturmhut, Frauenherz oder Herzblume, Taubnessel.

*herzförmig* – Die Blattspreite kann sich herzförmig ausbuchten, z.B. Lindenblatt. (Gegensatz: pfeilförmige Blattspreite, z.B. Pfeilkraut)

*Hülle, Hüllchen* – Die Doldenstrahlen werden oft an ihrem Ausgangspunkt von einer Hülle, die Strählchen von einem Hüllchen umgeben, z.B. Möhre.

*Hüllkelch* – Kelchblattartig hüllen oft viele Hochblätter die Blütenstandsbasis ein, die den sogenannten *Hüllkelch* bilden. Ein Merkmal, das hauptsächlich die Körbblütler und Kardengewächse kennzeichnet.

*Hülsenfruchtgewächse* (Leguminosae) – Eine der artenreichsten Familien (9000 Arten) und Lieferant der wichtigsten Nahrungsmittel für Mensch und Tier (Bohne, Erbse, Linse, Soja, Johannisbrot usw.).

*kahl* (nackt) – Pflanzenteil, der weder behaart noch warzig ist.

*Kapsel* – Frucht, deren Fruchtblätter trockenhäutig oder holzig sind. Die Kapsel ist innen oft fächerig, springt mit Klappen auf; mehrsamig. Der Kapselrand ist oft zähnig, z.B. Leimkraut (Silene).

*Kelch* (Sepalen) – Die äußern Glieder einer Blüte, die aus Kelch und Krone besteht.

*Knolle* – Verdickung einzelner Sproßabschnitte, wie z.B. beim Kohlrabi oberirdisch, bei der Kartoffel unterirdisch. Sproßknolle, Wurzelknolle sind Speichergewebe der Pflanzen.

*Korbblütler* (Compositae) – Eine Großfamilie mit etwa 900 Gattungen und 19000 Arten. Kräuter, Stauden, Sträucher sind häufig, Bäume selten. Sie liefern Gemüse, Salate, Samenöle, einige Arzneimittel, viele Zierpflanzen.

*Kreuzblütler* (Cruciferae) – Etwa 350 Gattungen und 3000 Arten. Heutzutage werden sie auch Brassicaceae (Kohlgewächse) genannt. In diese Pflanzenfamilie gehören alle Kohlarten; sie ist vor allem in den Gebieten der Nordhemisphäre beheimatet.

*Krone* (Corolla) – Die innere, meist farbige, äußerst vielgestaltige Blütenhülle.

*Liliengewächse* (Liliaceae) – Pflanzenfamilie, die sehr formenreich ausgebildet ist. Etwa 220 Gattungen mit 3500 Arten sind bekannt. Sie kommen in den Tropen und in den gemäßigten Zonen vor.

*Lippenblütler* (Labiatae) – Eine natürliche Familie mit konstanten Merkmalen. Meistens Kräuter und Stäucher, selten Bäume. Etwa 200 Gattungen mit 3200 Arten, die weltweit verbreitet sind.

*Maskenblütler* (Personatae) – Nicht mehr gebräuchlicher Name der Rachenblütler. Die Gauklerblumen (Mimulus) erinnern noch daran.

*nackt* – s. kahl

*Nagel* – der untere schmale Teil eines Kronblatts, z.B. Sternmiere.

*Narbe* – Der oberste, meist klebrige Teil des Stempels, der äußerst formenreich ist, worauf die Pollen abgelagert oder aufgefangen werden; Beginn des Bestäubungs- bzw. Befruchtungsvorgangs.

*netznervig* – Seitennerven eines Blatts verlaufen netzartig. Diese Art von Blattnervatur kennzeichnet fast alle zweikeimblättrigen Pflanzen (Dikotyledonen).

*Nuß* – eine meist hartschalige, trockene, sich nicht öffnende Frucht; Same und Fruchtschale sind nicht miteinander verwachsen; z.B. Haselnuß.

*oberständig* – bezeichnet die Stellung eines Fruchtknotens, der oberhalb der Kelchblätter angesetzt ist, z.B. Wiesensalbei.

*Ovar* – s. Fruchtknoten, s. Samenanlage

*parallelnervig* – s. streifennervig.

Platte – Der obere breitere Teil eines Kronblatts mit einem *Nagel* (s. d.), z.B. Wald-Lichtnelke

*Pollen* – s. Blütenstaub

*Rachenblütler* (Scrophulariaceae) – Diese Pflanzenfamilie ist über die ganze Erde verbreitet. Man kennt etwa 200 Gattungen und 3000 Arten.

*regelmäßig* (radiär-symmetrisch: bilateral-symmetrisch). Diese Form der Blütenkrone läßt sich spiegelbildlich in zwei oder mehrere gleiche Teile zerlegen, z.B. Blüte des Storchschnabel ist radiärsymmetrisch, jene des Wiesenschaumkrauts bilateral-symmetrisch.

*Rezeptakel* – s. Blütenbecher

*röhrig, röhrenförmig* – Der untere Teil einer Blütenkrone ist oft röhrenförmig verwachsen. Blütenkronen können auch glokkig, radförmig usw. sein.

*Röhrenblüte* – s. Scheibenblüte

*Rosengewächse* (Rosaceae) – Besonders reich entwickelte Pflanzenfamilie der Nordhemisphäre. Meistens Bäume, Sträucher oder ausdauernde Kräuter. Etwa 100 Gattungen und 3000 Arten. Außer der wohl beliebtesten Gattung innerhalb des Pflanzenreichs, der Gattung *Rosa*, gehören unsere Obstbäume, Gattungen *Prunus* und *Pyrus*, z.B. Kirsche, Apfel Zwetschge und unsere Beeren, Gattung *Rubus*, z.B. Brom- und Himbeere, dazu.

*Same, Samenanlage* – Die Blütenpflanzen vermehren sich durch den Samen, im Gegensatz zu Sporenpflanzen, wie z.B. Farne und Moose. Die vielgestaltige Samenhülle enthält den Embryo und das Nährgewebe. Die Samenpflanzen werden in zwei Gruppen eingeteilt: die Nacktsamer (z.B. Rottanne, Föhre) und die Bedecktsamer oder Blütenpflanzen.

*Scheibe, Scheibenblüte* – Die Blüten einer Komposite auf einem verbreiterten Blütenboden, der sogenannten Scheibe. Deshalb der Name Scheibenblüten. Meist bilden sie, diese röhrigverwachsenen Blüten, deshalb auch *Röhrenblüten* genannt, den innern Teil eines Korbblütler–Blütenstandes, z.B. Aster, Sonnenblume.

*Scheidewand* – s. Schote

*Scheindolde* (Trugdolde, Doldentraube, Doldenrispe) – Blütenstand einer Dolde sehr ähnlich, aber die einzelnen Blütenstiele strahlen nicht von einem einzigen Punkt aus; sie verzweigen sich unregelmäßig, z.B. schwarzer Holunder.

*Schiffchen* – Zwei schmale längliche Kronblätter einer Schmetterlingsblüte, welche den schiffchenartigen Behälter für die Staubblätter bilden, z.B. Erbse, Ginster.

*Schmetterlingsblütler* (Papilionaceae) – s. Hülsenfruchtgewächse

*Schote* – wird von zwei Fruchtblättern gebildet; öffnet sich durch zwei Klappen; die Samen sitzen am Rande der Scheidewand, die sich nicht loslöst. Die Schote ist länger als breit.

*Schötchen* – hat denselben Öffnungsmechanismus wie die Schote, aber die Form ist verschieden. Das Schötchen ist breiter und weniger lang.

*Sproß* – Stengel und Blätter bilden zusammen den Sproß.

*Staubblatt* (Stamina) – Die Staubblätter (Androeceum), männlicher Teil einer Blüte, bilden in den *Staubbeuteln* (Antheren), die sich meist in zwei Hälften (Theken) unterteilen, den *Blütenstaub* (Pollen) aus. Der vielgestaltige *Staubfaden* (Filament) ist je nach Pflanzenart verwachsen mit Kronröhre oder Blütenboden.Manchmal sind die Staubblätter mit besonderen Vorrichtungen versehen, z.B. Immergrün, Schwalbenwurz; manchmal treten die Staubblätter sogar als *Schauorgane* zum Anlocken der Insekten auf, z.B. Einbeere, akeleiblättrige Wiesenraute.

*Stempel* (Gynoeceum) – weiblicher Teil einer Blüte, bestehend aus Fruchtknoten (Ovar), Griffel und Narbe.

*Strahl, Strählchen* – Strahl ist der Stiel einer echten Doldenblüte; Strählchen das blütentragende Stielchen eines Döldchens, z.B. Wiesenkerbel.

*streifennervig* (parallelnervig) – Die Blattnerven verlaufen bogig-parallel; die seitliche Nervatur ist streifig.

*Theke* – s. Staubblatt

*Tragblatt* – in dessen Achsel steht ein Seitensproß.

*Trugdolde* – s. Scheindolde

*Umbelliferae* – s. Doldengewächse

*unregelmäßig* (zygomorph) – einseitig symmetrische Blüte, spiegelbildlich teilbar nur in einer Ebene möglich, z.B. Günsel, Ehrenpreis.

*unterständig* – Der Fruchtknoten ist unterhalb der Blütenhülle und Staubblätter, z.B. Glockenblume.

*verwachsen* (sympetal) – Kelch- und Kronblätter können verwachsen sein (Gegensatz: getrennt). Sie sind verwachsen, auch wenn sie nur am Ende des Nagels miteinander verbunden sind, z.B. Boretsch.

*vielkronblättrig* s. freikronblättrig

*Vorblatt* – Blatt (Blättchen) am Beginn eines Seitensprosses, z.B. einer Blüte.

*Zungenblüte* (Rand- oder Strahlblüte) – kommt hauptsächlich bei Korbblütlern vor, z.B. Pfaffenröhrlein, Wegwarte.

*zusammengesetzt* – Das zusammengesetzte Blatt besteht aus mehreren abgegliederten Teilblättchen an einem einzigen Blattstiel, z.B. das gefiederte Blatt der Eberesche.

Die »Botanische Fachausdrücke« hat Herr Prof. Dr. P. K. Endress, Inst. für Systematische Botanik Zürich, durchgesehen. Die Herausgeberin dankt ihm bestens für seine wertvollen Hinweise.

*Literatur aus Frankreich, England, Amerika u. a.*

Hans Christian Andersen. Märchen meines Lebens. Eine Skizze.
Aus dem Dänischen von Michael Birkenbihl. it 356

Giovanni Battista Basile. Das Märchen aller Märchen. Das Pentameron.
Deutsch von Felix Liebrecht.
Herausgegeben von Walter Boehlich. it 354

Honoré de Balzac. Das Mädchen mit den Goldaugen
Aus dem Französischen von Ernst Hardt. Vorwort Hugo von Hofmannsthal. Illustrationen Marcus Behmer. it 60

Charles Baudelaire. Die Blumen des Bösen
Übertragen von Carlo Schmid. it 120

Beaumarchais. Die Figaro-Trilogie
Deutsch von Gerda Scheffel. Nachwort von Norbert Miller. Mit zeitgenössischen Illustrationen. it 228

William Blake. Lieder der Unschuld und Erfahrung
Nach einem handkolorierten Exemplar des British Museum. Herausgegeben und mit einem Nachwort versehen von W. Hofmann. Deutsch von W. Wilhelm. it 116

Emily Brontë. Die Sturmhöhe
Aus dem Englischen von Grete Rambach. it 141

Chateaubriand. Das Leben des Abbé de Rancé
Herausgegeben und aus dem Französischen übersetzt von Emil Lerch. Mit einem Vorwort von Roland Barthes und zeitgenössischen Bildern. it 240

James Fenimore Cooper. Lederstrumpf
Bearbeitung der Übersetzung von E. Kolb durch Rudolf Drescher. Mit Illustrationen von D. E. Darley. it 179/180/181/182/183

Honoré Daumier. Robert-Macaire – Der unsterbliche Betrüger
Drei Physiologien. Aus dem Französischen von Mario Spiro. Herausgegeben und mit einem Nachwort versehen von Karl Riha. Illustrationen von Daumier. it 249

Daniel Defoe. Robinson Crusoe
Mit Illustrationen von Ludwig Richter. it 41

*Literatur aus Frankreich, England, Amerika u. a.*

Charles Dickens. Oliver Twist
Aus dem Englischen von Reinhard Kilbel. Mit einem Nachwort von Rudolf Marx und 24 Illustrationen von George Cruikshank. Vollständige Ausgabe. it 242

Charles Dickens. Weihnachtsgeschichten.
Mit Illustrationen von Cruikshank u. a. it 358

Denis Diderot. Die Nonne
Mit einem Nachwort von Robert Mauzi. Der Text dieser Ausgabe beruht auf der ersten deutschen Übersetzung von 1797. it 31

Alexandre Dumas. Geschichte eines Nußknackers
Mit Illustrationen von Bertall. Herausgegeben und bearbeitet von Josef Heinzelmann. it 291

Alexandre Dumas. Der Graf von Monte Christo
Mit Illustrationen von Pavel Brom und Dagmar Bromova.
Zwei Bände. it 266

Jean-Henri Fabre. Das offenbare Geheimnis
Aus dem Französischen von Kurt Guggenheim. Mit einem Kommentar von Adolf Portmann. Mit Illustrationen. it 269

Gustave Flaubert. Lehrjahre des Gefühls
Mit einem Essay und einer Bibliographie von Erich Köhler. it 276

Gustave Flaubert. Madame Bovary
Revidierte Übersetzung aus dem Französischen von Arthur Schurig. it 167

Gogol. Der Mantel und andere Erzählungen
Aus dem Russischen von Ruth Fritze-Hanschmann. Mit einem Nachwort von Eugen und Frank Häusler. Illustrationen von András Karakas. it 241

Victor Hugo. Notre-Dame von Paris
Aus dem Französischen übertragen von Else von Schorn. Mit einem Nachwort von Herbert Kühn. Mit Illustrationen. it 298

Villiers de L'Isle-Adam. Grausame Geschichten
Mit zeitgenössischen Illustrationen. Aus dem Französischen übertragen von Helene und Herbert Kühn. it 303

*Literatur aus Frankreich, England, Amerika u. a.*

Jens Peter Jacobsen. Niels Lyhne
Mit Illustrationen von Heinrich Vogeler. Nachwort von Fritz Paul. Aus dem Dänischen von Anke Mann. it 44

Jens Peter Jacobsen. Die Pest in Bergamo
und andere Novellen. Aus dem Dänischen von Mathilde Mann, Anka Matthiesen, Erich von Mendelssohn und Raphael Meyer. Mit Illustrationen von H. Vogeler. it 265

Choderlos de Laclos. Schlimme Liebschaften
Ein Briefroman mit 14 zeitgenössischen Illustrationen. Übertragen und eingeleitet von Heinrich Mann. it 12

Charles und Mary Lamb. Shakespeare Novellen
Mit 21 Stichen einer Ausgabe von 1837. Auf Grund einer älteren Übersetzung bearbeitet von E. Schücking. it 268

Lesage. Der hinkende Teufel
Nachwort von Karl Riha. it 337

Jack London. Ruf der Wildnis
it 352

Sir Thomas Malory. Die Geschichte von König Artus und den Rittern seiner Tafelrunde
Übertragen von Helmut Findeisen auf der Grundlage der Lachmannschen Übersetzung. Mit einem Nachwort von Walter Martin und Illustrationen von Aubrey Beardsley. Drei Bände in Kassette. it 239

Guy de Maupassant. Bel-Ami
Aus dem Französischen von Josef Halperin. Mit zeitgenössischen Illustrationen. it 280

Guy de Maupassant. Das Haus Tellier
und andere Erzählungen. Aus dem Französischen von Karl Friese und Helmut Bartuschek. Ausgewählt von W. Berthel. Mit zeitgenössischen Illustrationen. it 248

Guy de Maupassant. Pariser Abenteuer
und andere Erzählungen. Ausgewählt von Werner Berthel. Mit zeitgenössischen Illustrationen. Aus dem Französischen von H. Bartuschek und K. Friese. it 106

*Literatur aus Frankreich, England, Amerika u. a.*

Guy de Maupassant. Unser einsames Herz. Roman.
Aus dem Französischen von Josef Halperin, mit einem Nachwort von Dolf Oehler und zeitgenössischen Illustrationen. it 357

Hermann Melville. Moby Dick oder der Wal
Aus dem Amerikanischen von Hans und Alice Seiffert. Nachwort von Rudolf Sühnel. Zwei Bände. it 233

Mirabeau. Der gelüftete Vorhang oder Lauras Erziehung
Aus dem Französischen von Eva Moldenhauer. Nachbemerkung von Norbert Miller. it 32

Michel de Montaigne. Essais
Herausgegeben und mit einem Nachwort versehen von Ralph-Rainer Wuthenow. Revidierte Fassung der Übertragung von Johann Joachim Bode. it 220

Jan Potocki. Die Handschrift von Saragossa
Herausgegeben von Roger Caillois. Aus dem Französischen von Louise Eisler-Fischer. Aus dem Polnischen von Maryla Reifenberg. Mit Bildern von Goya. Zwei Bände. it 139

Thomas de Quincey. Mord als eine schöne Kunst betrachtet
Herausgegeben und eingeleitet von Norbert Kohl. Mit zeitgenössischen Illustrationen. it 258

François Rabelais. Gargantua und Pantagruel
Herausgegeben von Horst und Edith Heintze. Erläutert von Horst Heintze und Rolf Müller. Mit Illustrationen von Gustave Doré. Zwei Bände. it 77

Walter Scott. Im Auftrag des Königs
Die gefährlichen Abenteuer des Quentin Durward. Mit einem Nachwort von Traude Dienel. Mit Illustrationen aus dem 19. Jahrhundert. it 188

William Shakespeare. Einundzwanzig Sonette
Deutsch von Paul Celan. Nachwort H. Viebrock. it 132

Stendhal. Die Kartause von Parma
Aus dem Französischen von Walter Widmer. Mit einem Nachwort von Uwe Japp. it 307

*Literatur aus Frankreich, England, Amerika u. a.*

Stendhal. Rot und Schwarz
Vollständige Ausgabe. Übersetzt von Walter Widmer. Mit einem Nachwort von Uwe Japp. it 213

Stendhal. Über die Liebe
Vollständige Ausgabe. Aus dem Französischen und mit einer Einführung von Walter Hoyer. it 124

Laurence Sterne. Yoricks Reise des Herzens
durch Frankreich und Italien. Mit zwölf Holzschnitten nach Tony Johanot. Mit einem Nachwort von Helmut Findeisen. it 277

Robert Louis Stevenson. Kidnapped
Herausgegeben von E. Y. Meyer. Die Erinnerungen David Balfours an seine Abenteuer im Jahre 1751. Roman. it 321

Robert Louis Stevenson. Die Schatzinsel
Mit Illustrationen von Georges Roux. it 65

Jonathan Swift. Gullivers Reisen
Mit Illustrationen von Grandville und einem Vorwort von Hermann Hesse. Aus dem Englischen übersetzt von Franz Kottenkamp. it 58

Jonathan Swift. Ein bescheidener Vorschlag, wie man verhindern kann, daß die Kinder der Armen ihren Eltern oder dem Lande zur Last fallen
und andere Satiren. Mit einem Essay von Martin Walser: Die notwendigen Schritte. it 131

Claude Tillier. Mein Onkel Benjamin
Deutsch von Rudolf G. Binding. Mit Schattenrissen, gezeichnet von Emil Preetorius. it 219

Leo N. Tolstoj. Anna Karenina
Aus dem Russischen übersetzt und herausgegeben von Gisela Drohla. Mit Illustrationen von Theodor Eberle. 2 Bände. it 308

Leo N. Tolstoj. Die großen Erzählungen
Mit einem Nachwort von Thomas Mann. Aus dem Russischen von Rudolf Kassner und Arthur Luther. it 18

*Literatur aus Frankreich, England, Amerika u. a.*

Leo N. Tolstoj. Kindheit, Knabenalter, Jünglingsjahre
Aus dem Russischen von Hermann Röhl. Revidiert und herausgegeben von Gisela Drohla. it 203

Leo N. Tolstoj. Krieg und Frieden
Mit einem Nachwort von Thomas Mann. 4 Bände. it 320

Anton Tschechow. Die Dame mit dem Hündchen
und andere Erzählungen. Mit Zeichnungen von András Karakas. Ausgewählt und mit einem Nachwort von Werner Berthel. it 174

Iwan Turgenjew. Väter und Söhne. it 64

Mark Twain. Huckleberry Finns Abenteuer
Vollständige Ausgabe. Mit Illustrationen von Eberhard Binder. Deutsch von Barbara Cramer-Nauhaus. it 126

Mark Twain. Tom Sawyers Abenteuer
Illustriert von Eberhard Binder. Bearbeitet von Karl Heinz Berger. it 93

Mark Twain. Leben auf dem Mississippi
Mit Illustrationen von Klaus Ensikat. Aus dem Amerikanischen übersetzt und bearbeitet von Helene Ritzerfeld. it 252

Voltaire. Candide oder der Optimismus
Mit 26 Federzeichnungen von Paul Klee und einer Nachbemerkung von Jean Orieux. it 11

Voltaire. Geschichte Karls XII.
Aus dem Französischen übersetzt von Theodora Von der Mühll. Mit einem Nachwort von Carl J. Burckhardt. it 317

Voltaire. Sämtliche Romane und Erzählungen
Mit einer Einleitung von Victor Klemperer und Illustrationen von Moreau le jeune. Zwei Bände. it 209/210

Voltaire. Zadig oder das Schicksal
Eine orientalische Erzählung. Aus dem Französischen von I. Lehmann. Mit Radierungen von M. Behmer. it 121

Oscar Wilde. Das Gespenst von Canterville.
Erzählung. Mit Illustrationen von Oski. Aus dem Englischen von Franz Blei. it 344

*Chroniken, Historisches und Biographisches*

Lou Andreas-Salomé. Lebensrückblick
Grundriß einiger Lebenserinnerungen. Aus dem Nachlaß herausgegeben von Ernst Pfeiffer. it 54

Arnold Böcklin. Leben und Werk in Daten und Bildern
Herausgegeben von Lutz Tittel. it 284

Hans Carossa. Leben und Werk in Daten und Bildern. it 348

Gespräche mit Marx und Engels
Herausgegeben von Hans Magnus Enzensberger. Mit einem Personen-, Elogen- und Injurienregister sowie einem Quellenverzeichnis. Zwei Bände. it 19/20

Adele Gundert. Marie Hesse
Ein Lebensbild in Briefen und Tagebüchern. Mit einem Essay von S. Greiner. Illustriert von Gunter Böhmer. it 261

Hermann Hesse. Dank an Goethe
Betrachtungen, Rezensionen, Briefe. Mit einem Essay von Reso Karalaschwili. it 129

Hermann Hesse. Leben und Werk im Bild
Von Volker Michels. Mit dem »Kurzgefaßten Lebenslauf« von Hermann Hesse. it 36

Hölderlin
Chronik seines Lebens mit ausgewählten Bildnissen
Herausgegeben von Adolf Beck. it 83

Hölderlin. Dokumente seines Lebens
Briefe, Tagebuchblätter, Aufzeichnungen. Herausgegeben von Hermann Hesse und Karl Isenberg. it 221

Ödön von Horváth. Leben und Werk in Daten und Bildern
Herausgegeben von Traugott Krischke und Hans F. Prokop. it 237

Adolph Freiherr von Knigge. Über den Umgang mit Menschen
Mit Illustrationen. it 273

Gertrud von le Fort. Leben und Werk in Daten, Bildern und Zeugnissen. Von Gisbert Kranz. it 195

*Chroniken, Historisches und Biographisches*

Carl von Linné. Lappländische Reise
Mit Zeichnungen des Autors. Aus dem Schwedischen von H. C. Artmann. it 102

Novalis. Dokumente seines Lebens und Sterbens
Herausgegeben von H. Hesse und K. Isenberg. it 178

Proust-Album. Leben und Werk im Bild
Zusammengestellt und erläutert von Pierre Clarac und André Ferré. Aus dem Französischen von Hilda von Born-Pilsach. it 328

Eduard Pöppig. In der Nähe des ewigen Schnees
Eine Anden-Reise im 19. Jahrhundert. Mit zeitgenössischen Illustrationen. Herausgegeben von Dieter Kühn. it 166

Rainer Maria Rilke. Leben und Werk im Bild
Mit einer biographischen Einführung und einer Zeittafel. Von Ingeborg Schnack. it 35

George Sand. Geschichte meines Lebens
Auswahl aus ihrem autobiographischen Werk. Herausgegeben von Renate Wiggershaus. it 313

Schiller. Leben und Werk in Daten und Bildern
Ausgewählt und erläutert von Bernhard Zeller und Walter Scheffler. it 226

Voltaire. Leben und Werk in Daten und Bildern. it 324

Richard Wagner. Leben und Werk in Daten und Bildern.
Herausgegeben von Dietrich Mack und Egon Voss. it 334

Maria Walewska. Napoleons große Liebe.
Aus dem Polnischen von Klaus Staemmler. it 24

Robert Walser. Leben und Werk in Daten und Bildern
Herausgegeben von Peter Hamm. it 264

Oscar Wilde. Leben und Werk in Daten und Bildern
Herausgegeben mit einem Essay von N. Kohl. it 158

Heinrich Zimmer. Yoga und Buddhismus
Indische Sphären. Mit zwölf Tafeln. it 45

*Geschichten, Sammlungen, Märchen und Abenteuer*

Aladin und die Wunderlampe
Aus dem Arabischen von Enno Littmann. Mit Illustrationen einer französischen Ausgabe von 1001 Nacht von 1865/66. it 199

Ali Baba und die vierzig Räuber
und die Geschichten von den nächtlichen Abenteuern des Kalifen aus 1001 Nacht. Aus dem Arabischen von Enno Littmann. Mit Illustrationen einer französischen Ausgabe von 1001 Nacht von 1865/66. it 163

Allerleirauh
Viele schöne Kinderreime versammelt von H. M. Enzensberger. Mit Abbildungen. it 115

Hans Christian Andersen. Märchen
Mit Illustrationen von Vilhelm Pedersen und Lorenz Frølich. Aus dem Dänischen von Eva-Maria Blühm. 3 Bände in Kassette. it 133

Ambrose Bierce. Mein Lieblingsmord
Erzählungen. Aus dem Amerikanischen von G. Günther. it 39

Hermann Bote. Ein kurzweiliges Buch von Till Eulenspiegel aus dem Lande Braunschweig. Wie er sein Leben vollbracht hat. Sechsundneunzig seiner Geschichten.
Herausgegeben, in die Sprache unserer Zeit übertragen und mit Anmerkungen versehen von Siegfried H. Sichtermann. Mit zeitgenössischen Illustrationen. it 336

Gottfried August Bürger. Wunderbare Reisen zu Wasser und zu Lande. Feldzüge und lustige Abenteuer des Freiherrn von Münchhausen. Mit Holzschnitten von Gustave Doré. it 207

Wilhelm Busch. Kritisch-Allzukritisches
Gedichte. Ausgewählt von Theo Schlee. Mit Illustrationen von Wilhelm Busch und einem Nachwort des Herausgebers. it 52

J. H. Campe. Bilder-Abeze
In 23 Fabeln und illuminierten Kupfern. Herausgegeben und mit einem Nachwort von Dietrich Leube. it 135

Lewis Carroll. Alice hinter den Spiegeln
Mit Illustrationen von John Tenniel. Übersetzt von Christian Enzensberger. it 97

Insel taschenbücher
Alphabetisches Verzeichnis